NUEVO DELE C2

RAMÓN DÍEZ GALÁN

ÍNDICE

CONSEJOS	p.3
VOCABULARIO Y MODELO 1	p.9
VOCABULARIO Y MODELO 2	p.42
VOCABULARIO Y MODELO 3	p.75
VOCABULARIO Y MODELO 4	p.107
SOLUCIONES Y TRANSCRIPCIONES	p.139

Los audios se encuentran en el vídeo de YouTube:
"Comprensión Auditiva DELE C2"

En la descripción del vídeo están los enlaces a todas las tareas.

También puedes descargar los audios en formato MP3 desde el siguiente enlace:

www.bit.ly/nuevoc2

Si tienes cualquier duda, problema o necesitas el audio en otro formato, puedes escribirme un email:

ramondiezgalan@gmail.com

CONSEJOS PARA EL DELE C2

Si has llegado hasta aquí está claro que tu aventura con la lengua hispana ya lleva un largo recorrido, seguro que ya conoces la estructura de los exámenes oficiales, también habrás tenido dudas que ni los nativos te han sabido responder. De todos modos, nunca vienen de más algunos consejos.

Uso de la lengua, comprensión de lectura y auditiva

Debes responder a todas las preguntas, los errores no quitan aciertos. Solo hay que seleccionar una opción para cada una de las preguntas, debes hacerlo utilizando un lápiz en la **Hoja de respuestas** del siguiente modo.

Si acabas pronto con las tres primeras tareas (comprensión de lectura), revisa que todo esté bien y prepárate para las tres siguientes (comprensión auditiva), puedes leer las posibles respuestas, tratar de entenderlas bien, marcar palabras importantes, etc.

Debes organizarte bien y no perder tiempo, tienes **105 minutos** (60 para la comprensión de lectura y 45 para la comprensión auditiva), puedes practicar en casa utilizando el cronómetro de tu teléfono o usando uno en línea (abre tu navegador de internet y busca "cronómetro online"). Lo ideal sería hacer las tres primeras tareas (comprensión de lectura) en 50 minutos, revisar que todo esté bien y completar la hoja de respuestas en 5 minutos y dejar los últimos 5 minutos para preparar las tres siguientes tareas (comprensión auditiva), puedes leer las posibles respuestas, tratar de entenderlas bien, marcar palabras importantes, etc.

Los audios siempre se escuchan dos veces, mantén la calma si en la primera audición no eres capaz de captar toda la información. Pon especial atención en la **Tarea 4**, debes marcar los enunciados en orden, si te equivocas en uno podrías poner el resto mal, incluso sabiendo las respuestas correctas.

Comprensión auditiva y de lectura y expresión e interacción escritas

Tienes **150 minutos** para realizar las tres tareas. Lo mejor es que practiques en casa empleando un cronómetro y que alguien te corrija los textos.

Es muy importante responder a lo que se te pide en el enunciado, dándole un toque personal a la información recibida.

Los calificadores van a valorar de forma independiente los siguientes aspectos de tus textos:

> **Adecuación**
> El escrito debe ajustarse a la situación comunicativa planteada, es importante tener en cuenta el destinatario de nuestro mensaje, así como la estructura y el grado de formalidad requeridos.

> **Coherencia**
> La información del texto ha de estar bien organizada, la lectura no debe suponer un esfuerzo para el calificador y esto se consigue introduciendo cada idea con los conectores adecuados.
> Aditivos: todavía más, más aún, aún más, encima, de igual manera, del mismo modo, igualmente, etc.
> Consecutivos: de ahí, pues, así pues, por consiguiente, etc.
> Justificativos: debido a, a causa de, gracias a, en virtud de, dado que, por culpa de, etc.
> Contraargumentativos: por el contrario, al contrario, contrariamente, sin embargo, no obstante, ahora bien, etc.

De contraste: a pesar de, aunque, si bien, etc.

De refuerzo argumentativo: de hecho, en efecto, en el fondo, en realidad, de acuerdo con lo anterior, etc.

Recapitulativos: en resumidas cuentas, a fin de cuentas, al fin y al cabo, después de todo.

Ordenadores:

De inicio: antes que nada, en primer lugar, para comenzar, etc.

De continuidad: cabe agregar que, por un lado, por otro lado, etc.

De cierre: a modo de conclusión, en conclusión, etc.

➢ **Corrección**

El número de errores debe ser escaso, siempre se tienen en cuenta las estructuras lingüísticas y gramaticales empleadas, no es lo mismo cometer errores en un texto con un nivel de complejidad alto que en otro muy simple. Los textos de entrada ofrecen información muy útil, pero no es recomendable copiar las oraciones al pie de la letra, el español dispone de miles de sinónimos que se pueden emplear.

➢ **Alcance**

El nivel de vocabulario debe ser alto, variado y apropiado para la situación planteada. No tengas miedo de emplear expresiones idiomáticas o coloquiales, siempre y cuando se adecúen a lo que se pide.

La **Tarea 2** resulta especialmente compleja para muchos estudiantes, trata de entender cada oración y reformularla con tu toque personal, si empiezas escribiendo la frase tal y como aparece en el texto original es muy probable que te bloquees.

Para no cometer errores, utiliza estructuras que conoces y has practicado antes en tu casa. No tengas miedo de desplegar todo tu conocimiento de la lengua, estamos en el nivel C2, esto es la élite del español.

Al terminar de escribir, repasa siempre la ortografía.

Comprensión de lectura y expresión e interacción orales

Tienes **30 minutos** de preparación, aprovéchalos bien. Prepara un **esquema** y visualiza tu discurso. Hay muchas formas de organizarse el esquema, a mí personalmente me gusta el siguiente estilo, con dos columnas, en la izquierda enumero los puntos de los que quiero hablar y en la derecha pongo mis conectores y frases de emergencia.

LAS REDES SOCIALES

Edad	Para comenzar…
Peligros	Por un lado…
Utilidad	Con relación a lo anterior,
Evolución	Cabe destacar que…
Adicción	A modo de conclusión…
Futuro de las redes	
Comunicación	
Exclusión social al no tener redes	

Vas a tener que hacer un monólogo bastante extenso, esto no suele ser natural y es fácil bloquearse, lo mejor es tener una estructura ya preparada de casa. Puedes grabar tu voz a diario empleando la función "grabadora de voz" de tu teléfono móvil, esto también te va a ayudar a ir pillando confianza y naturalidad al realizar discursos. Otra opción es que prepares esta prueba con la ayuda de un profesor.

No te metas en un callejón sin salida por tener dudas sobre si la información que estás aportando es 100% correcta, da totalmente igual si dices que en España viven 47 millones de personas o 43, no puedes bloquearte por algo así, la **fluidez** del discurso es clave. Controla los nervios, es algo difícil dada la complejidad de la prueba, pero es realmente importante puesto que entrar con estrés a la sala no te permite exprimir tus posibilidades al máximo.

El calificador va a valorar de forma independiente los siguientes aspectos de tus tareas:

> **Coherencia**
> Organiza y estructura bien la información, emplea conectores (arriba mencionados). El discurso debe ser fácil de seguir y atractivo para el oyente. No dudes en emplear formas de comunicación no verbal, enfatizar algunos aspectos importantes alterando el tono o llevar la iniciativa en las tareas de interacción.
> **Fluidez**
> Naturalidad y espontaneidad, no hay más. Si puedes pasar una temporada en un país de habla hispana antes de tu examen se notará mucho. La pronunciación es importante, sortear obstáculos también. Debes sentir comodidad al hablar, que no te suponga un esfuerzo.
> **Corrección**
> Fruto de la improvisación se pueden cometer errores, hasta los nativos lo hacen. Dicho esto, hay que evitarlos en la medida de lo posible, en nivel C2 el grado de corrección del candidato debe ser muy alto.
> **Alcance**
> El repertorio lingüístico empleado debe sorprender al calificador, al realizar el esquema puedes incluir algunas palabras relacionadas con el tema que te gustaría mencionar durante tu discurso o al interactuar con el examinador. Las expresiones idiomáticas y el lenguaje coloquial están completamente permitidos, siempre y cuando la situación lo requiera.

COSAS IMPORTANTES PARA EL EXAMEN

· Cuyo / Cuya

· Si + imperfecto de subjuntivo + condicional
Si yo fuera el presidente del país cambiaría este tipo de leyes.

· Expresiones con posesivos: salirse con la suya, tú a lo tuyo, esta es la mía, es muy suyo.

· Dar una opinión: Yo soy de la opinión de que… / Yo entiendo que… / A mi modo de ver las cosas… / Me parece que…

· Expresar acuerdo: Yo defiendo la misma postura / Yo soy de la misma opinión / Yo también lo entiendo así.

· Formas no personales del verbo: Me es difícil concretar algo.

· En el lenguaje oral coloquial, tendencia a la caída de la -d- en el sufijo -do: "Hemos estao en el cine".

· Expresar certeza y evidencia: Salta a la vista que… / Me consta que…

· Expresar falta de certeza y evidencia: Me atrevo a decir que… / Me atrevo a afirmar que…

· Si + plusc. de subjuntivo + condicional simple/compuesto
Si se hubieran tomado medidas, no se habría llegado esto.

· Expresar necesidad: Es preciso… / No queda más remedio que…

· Expresar desconocimiento: No estoy al corriente de… / No estoy al tanto de…

· Expresar preferencia: Me inclino por… / Me decanto por… / Tengo predilección por… / Siento debilidad por… / Ni punto de comparación / No hay color.

· Oraciones subordinadas adverbiales: Hará menos cuanto más le pidas / El lugar adonde nos dirigimos / Tiene tantos libros cuantos podáis imaginar.

VOCABULARIO
Y
MODELO 1

VOCABULARIO

¿Conoces estas palabras?

- Cervical
- Bizco
- Tez — complexión
- Cutis
- Enjuto
- Fofo
- Defunción
- Ataúd
- Lápida
- Linaje
- Primogénito
- Allegados
- Compinche
- Talante
- Torpeza
- Asedio
- Potingue
- Tonel
- Sorbo
- Piscolabis

- Ponencia
- Consolidar
- Impugnar
- Currante
- Peón
- Faena
- Cesar
- Aguinaldo
- Diligente
- Gandul
- Recreo
- Juerga
- Tedio
- Cachondeo
- Látigo
- Poste
- Contrincante
- Bulo
- Misiva
- Saturación

1. Relaciona las siguientes palabras con sus definiciones:

apódo – migaja – enclenque – sepelio – perecedero – sermón – brebaje – repelente – remordimiento – frugal

1. Que tiene duración limitada, está destinado a perder su utilidad, validez o estropearse en un determinado plazo de tiempo.

2. Nombre que se da a una persona en vez del suyo propio y que, generalmente, hace referencia a algún defecto, cualidad o característica particular que lo distingue.

3. Que es sencillo y poco abundante.

4. Bebida, y en especial la compuesta de ingredientes desagradables al paladar.

5. Que es muy débil, enfermizo o delgado.

6. Discurso de contenido moral o religioso que pronuncia un sacerdote ante los fieles en fiestas o conmemoraciones religiosas.

7. Persona que provoca asco a otras.

8. Sentimiento de culpabilidad que tiene una persona por algo que ha hecho y que la intranquiliza.

9. Entierro de un cadáver y los ritos y ceremonias religiosos o civiles correspondientes.

10. Parte más pequeña y menuda del pan, que suele saltar o desmenuzarse al partirlo.

2. Usa los verbos en las siguientes frases (conjugados adecuadamente).

serenarse – impartir – pellizcar – inculcar – velar – vulnerar – entablar – atiborrarse – yacer – chamuscarse

1. Su cuerpo ..*yacía*.... sobre la alfombra, yo pensaba que le había pasado algo grave, pero solo se estaba relajando.

2. Creo que cualquier padre desea que el maestro de sus hijos les ..*inculque*.. valores de compañerismo y amistad.

3. Si ..*hubieras*.. ~~impartido~~ *impartido* clases en este centro en aquellos años sabrías de lo que te hablo, el alumnado era completamente diferente.

4. Jamás permitiremos ningún comentario ni actitud que ..*vulneran*.. los derechos de las personas.

5. Si deseas ..*entablar*.. una conversación con el responsable del departamento te aconsejo que te dirijas primero a su secretaria.

6. Le di un bocadillo porque no sabía que antes *se había atiborrado* de companaje y frutos secos.

7. Para que no *se chamusque* el solomillo debes controlar las brasas en todo momento.

8. Cuando estoy nervioso y me piden que *me serene* me pongo furioso, no lo puedo controlar.

9. En su lecho de muerte, su padre le pidió que ..*vele*.... por la salud de sus hermanos.

10. Si ves que me quedo dormido, quiero que me *pellizques* en el antebrazo para despertarme.

MODELO 1 HOJA DE RESPUESTAS

Tarea 1
1 A☐ B☐ C☐
2 A☐ B☐ C☐
3 A☐ B☐ C☐
4 A☐ B☐ C☐
5 A☐ B☐ C☐
6 A☐ B☐ C☐
7 A☐ B☐ C☐
8 A☐ B☐ C☐
9 A☐ B☐ C☐
10 A☐ B☐ C☐
11 A☐ B☐ C☐
12 A☐ B☐ C☐

Tarea 2
13 A☐ B☐ C☐ D☐ E☐ F☐ G☐
14 A☐ B☐ C☐ D☐ E☐ F☐ G☐
15 A☐ B☐ C☐ D☐ E☐ F☐ G☐
16 A☐ B☐ C☐ D☐ E☐ F☐ G☐
17 A☐ B☐ C☐ D☐ E☐ F☐ G☐
18 A☐ B☐ C☐ D☐ E☐ F☐ G☐

Tarea 3
19 A☐ B☐ C☐ D☐ E☐ F☐
20 A☐ B☐ C☐ D☐ E☐ F☐
21 A☐ B☐ C☐ D☐ E☐ F☐
22 A☐ B☐ C☐ D☐ E☐ F☐
23 A☐ B☐ C☐ D☐ E☐ F☐
24 A☐ B☐ C☐ D☐ E☐ F☐
25 A☐ B☐ C☐ D☐ E☐ F☐
26 A☐ B☐ C☐ D☐ E☐ F☐

Tarea 4
27 A☐ B☐ C☐ D☐ E☐ F☐ G☐ H☐ I☐ J☐ K☐ L☐
28 A☐ B☐ C☐ D☐ E☐ F☐ G☐ H☐ I☐ J☐ K☐ L☐
29 A☐ B☐ C☐ D☐ E☐ F☐ G☐ H☐ I☐ J☐ K☐ L☐
30 A☐ B☐ C☐ D☐ E☐ F☐ G☐ H☐ I☐ J☐ K☐ L☐
31 A☐ B☐ C☐ D☐ E☐ F☐ G☐ H☐ I☐ J☐ K☐ L☐

Tarea 5
32 A☐ B☐ C☐
33 A☐ B☐ C☐
34 A☐ B☐ C☐
35 A☐ B☐ C☐
36 A☐ B☐ C☐
37 A☐ B☐ C☐
38 A☐ B☐ C☐
39 A☐ B☐ C☐
40 A☐ B☐ C☐
41 A☐ B☐ C☐
42 A☐ B☐ C☐
43 A☐ B☐ C☐
44 A☐ B☐ C☐
45 A☐ B☐ C☐
46 A☐ B☐ C☐

Tarea 6
47 A☐ B☐ C☐
48 A☐ B☐ C☐
49 A☐ B☐ C☐
50 A☐ B☐ C☐
51 A☐ B☐ C☐
52 A☐ B☐ C☐

PRUEBA 1
USO DE LA LENGUA, COMPRENSIÓN DE LECTURA Y COMPRENSIÓN AUDITIVA

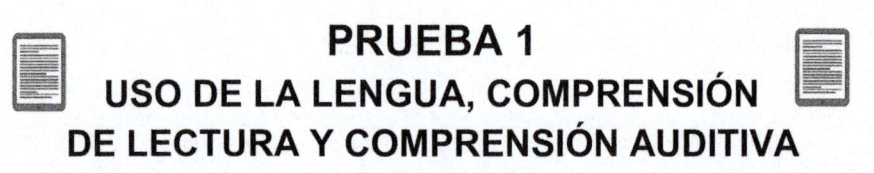

La prueba de **Comprensión de lectura** contiene seis tareas. Usted debe responder a 52 preguntas. Marque sus opciones únicamente en la **Hoja de respuestas**.

Duración:

- Comprensión de lectura: 60 minutos.
- Comprensión auditiva: 45 minutos.

TAREA 1

Instrucciones
Lea el texto y rellene los huecos (1-12) con la opción correcta (A, B o C).

Cómo hacer la declaración de la Renta

En poco más de una semana dará comienzo la campaña de la declaración de la Renta, en la que los ......(1)....... tendrán que declarar sus ingresos del año 2020. Son muchas las dudas que ......(2)....... a la hora de ponerse manos a la obra y presentar a la Agencia Tributaria la declaración.

......(3)....... [según] puede leerse en la página web de la Agencia Tributaria, deben presentar la declaración de la Renta aquellas personas que hayan ingresado más de 22.000 euros anuales, siempre y cuando estos procedan de un solo pagador. Si eres uno de los millones de personas que tiene que presentar la declaración de la Renta, el siguiente paso será conocer los plazos para conseguir los datos fiscales y solicitar el ……(4)……. de la Renta.

Existen tres vías por la que puedes presentar tu declaración de la Renta:

- Internet: Es posible presentar la declaración de la Renta ……(5)……. *a través* del portal de la Agencia Tributaria 'Renta Web'.

- Teléfono: Ya es posible ……(6)……. *solicitar* cita previa para ser atendido por teléfono. Aquel que así lo haya solicitado podrá ser atendido vía telefónica a través del plan de Hacienda 'Te Llamamos'.

- Presencial: Si prefieres presentar la declaración en una oficina para contar con la ayuda de un técnico de la Agencia Tributaria, podrás pedir cita a partir del día 27 de mayo, las ……(7)……. *cuales* comenzarán a ser atendidas el 2 de junio.

Para hacer la declaración de la renta, ……(8)……. *además* del DNI original y la fotocopia de todos aquellos que figuren en la misma, el número IBAN de la cuenta bancaria y las referencias catastrales, tendrás que presentar la siguiente documentación:

Nóminas y certificado de la empresa y, si eres autónomo tanto los ingresos como los gastos ……(9)……. *ineludibles / deducibles / deducible* en el IRPF de la actividad económica que realices.

En el caso de que hayas sido ……(10)……. *cesado* o despedido, tendrás que presentar el importe de la indemnización, la fecha de acuerdo del despido, de la aprobación del expediente de regulación de empleo (ERE) o de apertura del período de consultas a la autoridad laboral, en caso de que en la empresa se haya producido un despido colectivo.

Contratos y facturas que ……(11)……. *justifiquen* los alquileres de pisos, locales, plazas de garaje, etc.

El ……(12)……. *rendimiento* de las inversiones que hayas realizado a lo largo de 2020. Será necesario incluir desde acciones hasta los fondos de inversión, incluyendo otras actividades como la venta de una casa.

Adaptado de: www.abc.es

OPCIONES

1. a) aferrados   b) contribuyentes   c) consejeros
2. a) consideran   b) hallan   c) surgen
3. a) Según   b) De modo que   c) En cuanto
4. a) borrador   b) domador   c) peón
5. a) mediante   b) a través   c) derivada
6. a) solicitar   b) postular   c) rogar
7. a) quienes   b) cuyas   c) cuales
8. a) excepto   b) además   c) a pesar
9. a) deducibles   b) inducibles   c) ineludibles
10. a) sancionado   b) cesado   c) avalado
11. a) justifiquen   b) ejemplifiquen   c) aludan
12. a) desembolso   b) rendimiento   c) vencimiento

borrador de la Renta
gastos deducibles
rendimiento - output προσλογιζουμουτ
vencimiento - due date κραεν αρον
desembolso - καρζ
no estoy en condiciones de hacer ese desembolso
el vencimiento de la licencia.

TAREA 2

INSTRUCCIONES
Lea el siguiente texto, del que se han extraído seis párrafos. A continuación lea los siete fragmentos propuestos (A-G) y decida en qué lugar del texto (13-18) hay que colocar cada uno de ellos. Hay un fragmento que no debe elegir.
Marque las opciones elegidas en la **Hoja de respuestas**.

¿POR QUÉ SE NOS CAE EL CABELLO Y CUÁNDO DEBEMOS VERLO COMO UNA ENFERMEDAD?

Para algunas personas puede ser angustiante ver cómo se les cae el cabello. ....C..(13)............ De hecho, se estima que todos los días perdemos entre 50 y 100 cabellos, lo cual es absolutamente normal.

"Es algo fisiológico. En el cuero cabelludo tenemos pelos en distintas fases: unos están creciendo, otros están estabilizados y otros se tienen que caer. No hay de qué preocuparse", le dice a BBC Mundo Leyre Aguado, dermatóloga de la Clínica Universidad de Navarra.

Y es que en muchos casos, la caída del cabello es una reacción al momento del año en que estamos y un recordatorio de nuestro pasado. "Depende de la parte animal que aún conservamos, lo que los dermatólogos llamamos: el estigma filogenético. .....B.....(14)............", le explica a BBC Mundo Ramón Grimalt, profesor de dermatología.

"Si tienes un perro o un gato, un ciervo o un oso, verás que cada año en primavera todos estos mamíferos se desprenden de modo sincrónico de todo su pelaje para pasar el verano frescos y, a partir de octubre y noviembre, sin tomar ningún suplemento o pastilla o sin ponerse una loción, vuelven a recuperar el pelo".

Pero a diferencia de esos animales, las personas no necesitamos de nuestro pelo para regular nuestra temperatura. ...G......(15)............

"Conservamos esta tendencia a agrupar estos recambios. ....(16)...A......, sino que pasamos por épocas en que se nos caen sólo 50, 60, 70 y por otras en que se nos recambian 150 o 200 al día. Y estas épocas coinciden muchas veces con el final del verano y el inicio del otoño", señala el especialista.

Y como sucede con los mamíferos, los cabellos perdidos se recuperan.

"Que nadie se preocupe por el volumen del pelo que se le cae, se tiene que preocupar por su foto", indica el médico.

Comparar una foto del año pasado con una actual es un buen método para detectar si hay áreas "más claras" en la cabeza. ¿Ves menos pelos? Esa es la señal. De ser así, es importante consultar al médico para determinar qué está pasando.

"......(17)............", advierte el doctor. Esa no es la solución. Exámenes médicos darán con la raíz del problema.

Para Aguado el signo de alarma no debe ser el número de pelos que se caen, sino notar que la densidad de pelos que vemos en el cuero cabelludo ha disminuido, que se vean zonas más claras en la cabeza.

Existen varios factores que explican que se nos caiga el cabello, como el proceso de envejecimiento, la genética, la pérdida y el aumento de peso constantes, los desbalances hormonales. ".......(18).............."

La caída del cabello puede responder a enfermedades como el lupus, la sífilis, un desorden tiroideo como el hipotiroidismo o el hipertiroidismo. También puede ser un síntoma de una deficiencia de proteína, hierro, zinc o biotina.

Adaptado de: www.bbc.com

FRAGMENTOS

A. A la mayoría no se nos caen 100 cabellos exactamente cada día

B. En todos los mamíferos con excepción de los humanos existe lo que se llama la muda sincronizada anual

C. En muchos casos se puede tratar de una situación transitoria

D. Solo que algunos lo realizan así y otros no

E. Pero no en todos los casos se trata de un presagio de una calvicie inminente

F. Es absurdo acudir a un peluquero o a una farmacia a buscar 'algo' para el pelo

G. De ahí que esa sincronización se haya perdido y que la mayoría tengamos una muda diaria de aproximadamente 50 a 100 cabellos

TAREA 3

INSTRUCCIONES

A continuación tiene seis textos (A-F) y ocho enunciados (19-26). Léalos y elija el texto que corresponde a cada enunciado. Recuerde que hay textos que deben ser elegidos más de una vez.
Marque las opciones elegidas en la **Hoja de respuestas**.

A. S.O.S. POR LA CRÓNICA

Hoy la humanidad depende en gran medida de la información que le proporcionan los distintos medios de comunicación masiva. Como estos cuentan con ciertas "libertades", se atribuyen publicar lo que saben que los receptores van a consumir con seguridad. Algunos de los géneros periodísticos que más prestos están para "exprimirlos" son la noticia y el reportaje. No menos queda atrás la crónica, aunque tiene mayor presencia en sectores tan específicos como la cultura, el deporte y lo social.

Ante esta condición de autonomía, muchos medios tienen su base en el llamado modelo de "responsabilidad social", que declara el establecimiento de límites al ejercicio del derecho constitucional a la libertad de prensa.

El sistema de medios es un protocolo que controla tres tipos de fuentes de información que "generan dependencia", a las que otros tienen que tener acceso si quieren lograr sus propósitos.

B. PROYECTO 0,7% CONTRA LA POBREZA

Ante la espera ilusoria de que las grandes potencias económicas destinen el 0,7% de su PIB a paliar la pobreza de las zonas más desfavorecidas del planeta, la impasibilidad social no puede continuar durante mucho más tiempo. Mientras medio mundo avanza de espaldas al otro medio, la igualdad y la solidaridad humana se convierten en poco más que un chiste. Por ello, la humanidad requiere de fórmulas imaginativas e iniciativas drásticas que pongan fin de una vez por todas a estas líneas de divergencia social y a este contraste creciente entre el mundo rico y el pobre. África, y en general el Tercer Mundo, no pueden seguir esperando eternamente nuestra respuesta. Para el niño que murió de inanición la semana pasada, o ayer, o incluso hace unos minutos, ya es demasiado tarde. Para el niño que morirá hoy o mañana todavía hay una oportunidad pero la respuesta no puede retrasarse más. La decisión es nuestra y querer es poder.

C. LA FELICIDAD COMO ESTADO EMOCIONAL

Partiendo de un patrón fisiológico óptimo, asociando este fundamentalmente al funcionamiento correcto del sistema hormonal, y una base psicológica óptima, asociada esta a la ausencia de patologías de orden psíquico, podemos intentar aproximarnos a cuáles podrían ser los parámetros implicados en esa matriz tan extraña e indefinida que es la felicidad, ya que si bien puede aparecer por motivos misteriosos enterrados en lo más profundo de nuestro cerebro, es muy posible que no se encuentre completamente desligada a determinados factores identificables. De este modo, y entendiendo la felicidad como un valor no absoluto, podemos incluso aventuramos a lanzar de un modo gráfico y esquemático lo que podría constituir una fórmula aproximada y sencilla para medir el nivel de felicidad y por qué no, para intentar alcanzarla.

D. ANTROPOLOGÍA BÍBLICA

A los primeros antropólogos les interesaba escudriñar los misterios de la historia de la humanidad. Eran los que se empeñaban en encontrar a los antecesores más antiguos del ser humano, en indagar de dónde vinieron los indígenas que poblaron el continente americano, en precisar la relación existente entre el color de la piel y los rayos solares, de dónde salieron la rueda y los utensilios de cocina, en fin, conocer las diversas culturas de los pueblos. Estos, querían encontrar los principios universales que regían la vida y la conducta humanas.

En este sentido, la antropología era la ciencia que trataba de las afinidades y diferencias humanas. Bajo el título de "Antropología", en los programas que poseen las principales universidades, se encuentra que estos estudios suelen dividirse en sendas líneas principales: la Antropología física y la Antropología cultural.

E. GESTIÓN INTEGRADA DE LOS RECURSOS HÍDRICOS

Uno de los desafíos más graves ante los que se encuentra el mundo es la crisis del agua que se avecina. El siglo pasado la demanda mundial sobre los recursos hídricos se multiplicó por más de seis, mientras que la población del planeta se triplicó. De no mejorar la gestión de los recursos hídricos y los ecosistemas conexos, se estima que en 2025 dos tercios de la población mundial padecerá problemas de penuria de agua. Por otro lado, los desastres naturales asociados a eventos hidro-meteorológicos extremos son cada vez más recurrentes y desnudan la vulnerabilidad de los más pobres ante el riesgo hidrológico. Gran asombro causa también el conocer que cada año más de 5 millones de personas mueren por enfermedades de origen hídrico o de transmisión por vía del agua, cantidad que es más de 10 veces el número de personas que mueren en las guerras alrededor del mundo.

F. ECONOMÍA DE LA SALUD

Ciencias como la economía y la medicina se han venido uniendo de manera progresiva. Tradicionalmente los médicos estaban concentrados en sus eventos científicos y en la efectividad del servicio hacia sus pacientes, mientras los economistas hasta hace aproximadamente 20 años dedicaban sus investigaciones a las vicisitudes de la productividad. La evidencia de que los presupuestos de salud de los estados pueden alcanzar hasta el 18% del PIB de un país determinado es la señal que indica hacer un alto para analizar las cifras y que reclama la necesidad de decisiones fármaco–económicas. Nuevos descubrimientos en el área diagnóstica han surgido en los últimos 20 a 25 años, permitiendo un mejor manejo, y control de las diversas patologías a las cuales estamos expuestos. Sin embargo, también está claro que estos avances en la ciencia médica van acompañados de costos, los cuales pueden ser realmente elevados.

Adaptados de: www.monografias.com

PREGUNTAS

19. La cantidad de víctimas es mayor que en las contiendas bélicas.

    A)   B)   C)   D)   E)   F)

20. Una de las condiciones es que no se esté convaleciente.

    A)   B)   C)   D)   E)   F)

21. Podemos afirmar que hay dos ramificaciones.

    A)   B)   C)   D)   E)   F)

22. Se han fusionado disciplinas que antaño eran independientes.

    A)   B)   C)   D)   E)   F)

23. El desamparo de los que han fallecido no se puede remediar, pero sí el de los que aún no lo han hecho.

    A)   B)   C)   D)   E)   F)

24. En general, los rotativos y las retransmisiones se centran en aquello que más vende.

    A)   B)   C)   D)   E)   F)

25. Las medidas son urgentes frente a un problema inminente.

    A)   B)   C)   D)   E)   F)

26. Este desarrollo supone un gasto cuantioso.

    A)   B)   C)   D)   E)   F)

TAREA 4

INSTRUCCIONES

Usted va a escuchar una conferencia. Entre las doce opciones (A-L) usted deberá elegir las cinco que resumen la conferencia. Escuche la audición dos veces.

AUDIO EN MP3 DESCARGABLE O VÍDEO DE YOUTUBE "Comprensión Auditiva DELE C2": 0:01

OPCIONES

A) Carisma y disciplina son características ajenas a la mayoría de los líderes.

B) Hay consenso entre los expertos en cuanto a los tipos de liderazgo que existen.

C) El líder da el primer paso, dirige y analiza los resultados.

D) El liderazgo va ligado al menosprecio del potencial de los seguidores.

E) El líder empresarial debe actuar recta y decentemente.

F) El azar es una baza que siempre un líder debe tener a su favor.

G) Un buen líder conciencia a los miembros del equipo de que juntos son un todo.

H) Bajo ninguna circunstancia el líder deja de tomar decisiones de forma unánime.

I) Resulta casi imposible tener dotes de liderazgo si no se poseen ciertas cualidades innatas.

J) Encomendar tareas y considerar lo dicho por otros son tareas fundamentales del líder.

K) El liderazgo se empodera si los miembros del grupo están divididos en diferentes rangos jerarquizados.

L) El líder puede sancionar o recompensar a aquellos que le siguen.

TAREA 5

INSTRUCCIONES

Usted va a escuchar a dos personas opinando sobre el mundo laboral. Deberá marcar, de las 15 frases (32-46), qué ideas expresa el hombre (A), cuáles la mujer (B) o ninguno de los dos (C). Escuche la audición dos veces.

 AUDIO EN MP3 DESCARGABLE O VÍDEO DE YOUTUBE "Comprensión Auditiva DELE C2": 06:05

		(A) HOMBRE	(B) MUJER	(C) NINGUNO
32.	Asegura que la crisis ha pillado a todos por sorpresa.			
33.	Ha aumentado el paro en el último año.			
34.	La medida abarca a un grupo demasiado amplio.			
35.	Los aranceles a productos básicos aumentarán.			
36.	Que la gente se jubile más tarde a cambio de dinero.			
37.	Debería bastar con la inversión ya realizada.			
38.	Como en cada crédito, un familiar hará de aval.			
39.	La regulación vigente tiene lagunas.			
40.	Se deben tasar los bienes de los beneficiarios.			
41.	No habrá penalización por retirar fondos previamente.			
42.	Privatizando algunos servicios sería más eficaz.			
43.	No confía en que los niveles de paro desciendan.			
44.	Solo los desamparados se acogerán al programa.			
45.	Hay que establecer un límite de crédito.			
46.	Ya estamos en bancarrota.			

TAREA 6

INSTRUCCIONES

Usted va a escuchar una entrevista. Después debe contestar a las preguntas (47-52), Seleccione la opción correcta (A, B o C). Escuche la entrevista dos veces.

AUDIO EN MP3 DESCARGABLE O VÍDEO DE YOUTUBE "Comprensión Auditiva DELE C2":
10:18

PREGUNTAS

47. El doctor asegura que...
   a) las cárceles están saturadas de gente inocente.
   b) las creencias actuales ponen trabas a la conversión del derecho penal.
   c) son los funcionarios públicos los que obstaculizan interesadamente el cambio de ley.

48. Una de las afirmaciones del entrevistado es que...
   a) la actual "intervención jurídica" supone un acuerdo entre las partes implicadas.
   b) la libertad condicional no dio los resultados esperados.
   c) hace algún tiempo se cuestionó el sistema penitenciario.

49. El doctor en derecho penal comenta que...
   a) no se considera una persona ingenua.
   b) es muy probable que su fallecimiento sirva de pretexto para el cambio de mentalidad.
   c) está cimentando lo que a largo plazo será una realidad.

50. Alejandro Pérez, durante su intervención, asegura que...
   a) la fidelidad de litigios y sentencias es la única mejora que contemplan algunos.
   b) hay intereses para no erradicar el problema desde la raíz.
   c) hay diferentes corrientes que convergen en un punto.

51. El entrevistado asevera que...
   a) el derecho civil apoya sus conjeturas en el derecho penal.
   b) las penas tradicionales no deberían quedar erradicadas.
   c) la reinserción en la sociedad es imposible para los asesinos.

52. El doctor afirma que el derecho penal...
   a) precisa de nuevos mecanismos para su adaptación.
   b) funciona del mismo modo que un avión supersónico.
   c) posee las herramientas necesarias para su modernización.

PRUEBA 2. DESTREZAS INTEGRADAS: COMPRENSIÓN AUDITIVA Y EXPRESIÓN E INTERACCIÓN ESCRITAS

Esta prueba contiene 3 tareas.

⏱ Duración: 150 minutos.

Haga sus tareas en la **Hoja de respuestas**.

TAREA 1

INSTRUCCIONES

Como trabajo de fin de estudios le han pedido que redacte un informe sobre el empleo nocturno. Para ello cuenta con el audio del testimonio de un profesional y dos textos, una noticia y un informe.

Primero, escuche el audio dos veces. Tome notas y, después, utilizando todas las fuentes proporcionadas, redacte su informe seleccionando la información que considere oportuna.

Número de palabras: **entre 400 y 450**.

AUDIO EN MP3 DESCARGABLE O VÍDEO DE YOUTUBE "Comprensión Auditiva DELE C2":
14:50

TEXTO 1

TRABAJAR EN EL TURNO DE NOCHE

Hay estudios que demuestran que trabajar (de forma permanente, o rotatoria) en turno de noche tiene consecuencias adversas sobre la salud de las personas, especialmente si el trabajador tiene este turno durante mucho tiempo.

El organismo de los seres humanos está preparado para trabajar de día y descansar de noche. Por este motivo, durante la noche disminuyen las aptitudes físicas y mentales de las personas. Mantenerse despiertos y realizando una actividad que requiera concentración supone un mayor esfuerzo del que necesitarían durante el día para hacer lo mismo. Este "desgaste extra" tiene un efecto acumulativo y puede originar afecciones como hipertensión e hipercolesterolemia, lo que a su vez incrementa el riesgo de sufrir cardiopatías.

La Organización Internacional del Trabajo (OIT) estima que un trabajador envejecerá prematuramente cinco años por cada 15 años que permanezca en horario de trabajo nocturno. Aunque los problemas graves de salud no se empiecen a manifestar hasta después de cinco o 10 años de trabajo nocturno, la disminución del rendimiento del trabajador a consecuencia de la fatiga acumulada por la inadaptación al horario, es mucho más fácil de detectar.

Las personas están más alerta y rinden más entre las ocho de la mañana y las seis de la tarde. Fuera de este horario, sobre todo si se sobrepasan las ocho horas de trabajo, es más fácil cometer errores y, por lo tanto, los accidentes laborales son mucho más frecuentes y graves. La siniestralidad se incrementa en relación con el ritmo y la carga de trabajo y, además, también aumenta la posibilidad de tener un accidente al regresar el trabajador a su casa tras la jornada laboral.

El horario de trabajo no sólo afecta a la cantidad y calidad del sueño, también tiene repercusiones sobre la conducta alimentaria del individuo. Para mantener una buena salud es necesario llevar una dieta equilibrada, que aporte los nutrientes esenciales para el correcto funcionamiento del organismo, pero, además, es conveniente que los alimentos se repartan en varias tomas a lo largo del día, al menos tres y, a ser posible, que se trate de comida caliente. El trabajo nocturno también desestabiliza los hábitos alimentarios y, con frecuencia, los trabajadores que hacen este turno ingieren comidas rápidas que no tienen la calidad suficiente. El problema suele ser que cuando se levantan no tienen apetito y, cuando lo tienen, están trabajando, y si no pueden hacer un descanso para tomar una comida caliente y adecuada a sus necesidades, calman el hambre con cualquier chuchería.

Unos hábitos alimentarios inadecuados y mantenidos en el tiempo ocasionan trastornos en el aparato digestivo como gastritis, ardor de estómago, gases, úlcera de estómago, digestiones pesadas... Además, el consumo frecuente de ciertos alimentos como bocadillos de embutidos grasos y dulces, en sustitución de una dieta equilibrada, que resulta más difícil de seguir con el horario de turno de noche, origina sobrepeso y obesidad.

Problema psicológicos relacionados con el turno de noche

Entre los trabajadores del turno de noche también son mucho más frecuentes los problemas psicológicos que entre la población general. Esto no solo se debe a los trastornos físicos que les provoca la falta de un horario regular para descansar y comer, sino que deriva sobre todo de la dificultad que tienen para llevar una vida social satisfactoria.

Todas las actividades cotidianas están estructuradas para ser realizadas en horario diurno. Como la mayoría de las personas duermen desde las once o doce de la noche hasta las seis o las siete de la mañana, y trabajan, estudian, o realizan otro tipo de actividades durante el día, se considera normal destinar las tardes y los fines de semana a las relaciones sociales y familiares.

Los trabajadores de turno de noche, sin embargo, ven limitadas sus posibilidades de interaccionar con los demás. Se resiente su relación de pareja y también la que mantienen con sus hijos, ya que apenas pueden pasar tiempo juntos y, además, el resto de la familia debe adecuarse a su horario de sueño y limitar ciertas actividades en el hogar que podrían interferir con su descanso. Si los dos miembros de la pareja trabajan es más difícil todavía organizarse para compartir el ocio, realizar actividades en común o compartidas con los hijos. Esto es especialmente difícil cuando trabajar en turno nocturno supone tener que hacerlo también los fines de semana y/o festivos como Navidad, Semana Santa, etc.

El trabajador, además, puede desarrollar con el tiempo el denominado síndrome burnout (síndrome de estar quemado), que se caracteriza por un agotamiento emocional que se manifiesta con un cansancio excesivo, tanto físico como psicológico. El individuo, entonces, se aísla socialmente y mantiene una actitud fría y distante hacia las personas de su entorno, disminuyendo también su eficacia en el trabajo. La fatiga no remite con el descanso y el afectado presenta síntomas como: reducción de su capacidad de concentración o de memoria a corto plazo, dolores musculares, cervicales o multiarticulares (que no son consecuencia de una enfermedad diagnosticada, como la artritis), dolor de cabeza, sueño de poca calidad, y malestar prolongado tras realizar algún esfuerzo.

Adaptado de: www.webconsultas.com

TEXTO 2

ACCIDENTE LABORAL DURANTE LA NOCHE

El Segundo Juzgado de Letras del Trabajo acogió la demanda por accidente laboral presentada por un auxiliar de aseo de la discoteca Boston, ubicada en la comuna de Recoleta, quien sufrió la amputación traumática de falange distal del dedo pulgar de la mano derecha, cercenada por mordedura de cliente ebrio, el pasado mes de abril.

El Tribunal estableció la responsabilidad de la empresa Sociedad Espectáculos Dos Providencias Limitada, por la falta de medidas para proteger la vida y salud de sus dependientes en su lugar de trabajo.

La sentencia sostiene que los hechos referidos en el motivo anterior aluden a una falta de medidas básicas que pudieron prevenir el accidente de autos. En efecto, llama la atención la displicencia de la demandada de no realizar siquiera la denuncia ante el organismo administrador del seguro social, no dar cuenta a la Inspección del Trabajo ni realizar ninguna investigación del accidente para poder determinar sus causas y disponer medidas correctivas que, al menos, impidan más accidentes como el ocurrido.

Para el Tribunal, la falta de prevención es también evidente y fue constatada oportunamente por la Inspección del trabajo, pues resulta absolutamente previsible que en un local nocturno de las características anotadas (discoteca) se generen trifulcas por clientela conflictiva y/o en estado de intemperancia asociado al consumo de alcohol o drogas. Ante ello, era necesario informar al actor no sólo de tal riesgo, sino sobre cómo actuar ante una situación así mediante un procedimiento seguro para salvaguardar su vida y salud.

Por lo demás, la presencia de un solo guardia (tal y como señala el contrato con la empresa de seguridad) hace muy probable que se den situaciones en las que este sea sobrepasado numéricamente y necesite ayuda del personal del local, apoyo que no está estipulado en los contratos de otros miembros del equipo de la discoteca y que tampoco se descarta que sea exigido por la gerencia del local como un extra a sus servicios.

Por otro lado, la ausencia de testigos de la demandada impide acreditar la tesis de la culpa del trabajador que sugirió a raíz de su contestación. No deja de sorprender tampoco esta falta de prueba de quien, como empleador, debe considerarse un deudor de seguridad, conforme a la correcta inteligencia del art. 184 del código del trabajo.

En estas condiciones, se concluye que la parte empleadora debe responder por la falta de medidas para proteger la vida y salud del trabajador en la faena. Esta responsabilidad es de tipo contractual por cuanto emana del contenido obligatorio del contrato de trabajo que liga a las partes y hace responder por los perjuicios que no fueron cubiertos por el seguro social.

Adaptado de : www.diarioconstitucional.cl

TAREA 2

INSTRUCCIONES

A usted le han pedido que corrija el texto redactado por un traductor novato para un manual de instrucciones de una máquina que hace helado. Estructúrelo de una manera coherente, puntúelo adecuadamente y corrija los errores, eliminando redundancias o repeticiones.

Número de palabras: **entre 150 y 250**.

INSTRUCCIONES DE LA MÁQUINA PARA HACER HELADO

Lo primero siempre es la mezcla va en el depósito y se hace juntando leche y nata y azúcar. Porque hay cosas que cortan se utilizan guantes cuando abres la máquina y porque no eres un técnico tú no reparas la máquina.

Los botones son los que hay, enciende y apaga con el negro botón que pone I/O, helado grande está hecho con botón "LARGE", helado pequeño está hecho con botón "SMALL".

El orden para usar la máquina de helado es conectar el enchufe al enchufe poner ingredientes en el almacén poner cucurucho en soporte y pulsar el botón con el helado que quiero. Si cambias el sabor del helado la maquina limpia del todo también los tubos. Si no utilizas durante más de treinta minutos la maquina apaga todo, reinicia el pulsar botones da igual cuál.

Si la maquina falla la fuente de alimentación es lo primero que desconecta luego la máquina se abre y limpie la máquina usando servilleta suave y agua corriente.

TAREA 3

INSTRUCCIONES

Debe redactar un texto informativo para un periódico sobre las redes sociales a partir de los gráficos proporcionados, valorando y resumiendo los datos más relevantes.

Número de palabras: **entre 200 y 250.**

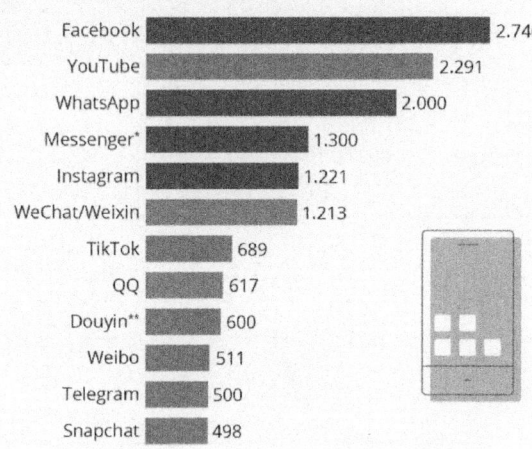

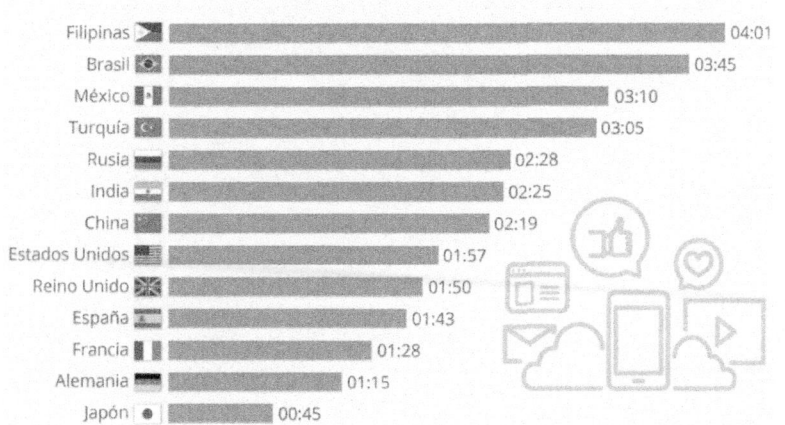

Vía: www.es.statista.com

PRUEBA 3. DESTREZAS INTEGRADAS: COMPRENSIÓN DE LECTURA Y EXPRESIÓN E INTERACCIÓN ORALES

Esta prueba contiene tres tareas:

Tiene 30 minutos para preparar la Tarea 1.

Usted puede tomar notas y escribir un esquema de su exposición que podrá consultar durante el examen; en ningún caso podrá limitarse a leer el esquema o sus notas.

TAREA 1

INSTRUCCIONES

Prepare una presentación de 6-7 minutos sobre el tema de las pesadillas inspirándose en el material de apoyo que se le ofrece. Explique al entrevistador:

- lo que suponen los trastornos del sueño;
- el caso de las pesadillas en los niños;
- los resultados de los estudios realizados.

TEXTO 1. ¿Podemos controlar una pesadilla?

Comienzas a sudar, unos escalofríos recorren tu cuerpo y tu corazón se acelera como si alguien te estuviera persiguiendo. Entonces, despiertas sobresaltado y piensas: solo ha sido una pesadilla, no hay nada que deba temer. Sin embargo, todavía estás temblando y, la experiencia ha sido tan inquietante que te cuesta conciliar el sueño. ¿Existe alguna manera de controlar las pesadillas a medida que suceden?

Aunque no existen muchas investigaciones, los estudios sugieren que algunas personas pueden dominar sus sueños y pesadillas. Es decir, son conscientes de que están teniendo una pesadilla y, posiblemente, pueden llegar a controlarla sin despertarse.

Por otro lado, los médicos no consideran que las pesadillas ocasionales sean un problema, aunque existen diversos tratamientos para las personas cuyas pesadillas afectan negativamente a sus vidas. Además, si las pesadillas ocurren con demasiada frecuencia podría tratarse de un trastorno de pesadillas, es decir, un trastorno del sueño que puede deberse a un trauma, al estrés o determinados medicamentos.

Sin embargo, según Rachel Salas, profesora asociada de neurología en Johns Hopkins Medicine (Estados Unidos), las pesadillas son extremadamente complicadas y los investigadores todavía tienen dificultades para llegar a comprenderlas. Lo que sí se sabe es que algunas personas tienen diferentes tipos de pesadillas en función del ciclo del sueño en el que se encuentran.

Muchas pesadillas ocurren en la fase del sueño llamada REM. Durante esta fase es más probable que tengamos sueños o pesadillas en la cual hacemos cosas que normalmente no podríamos hacer, como volar o atravesar paredes. De hecho, tal y como asegura la profesora Salas, los cerebros de las personas en fase REM tienen una apariencia similar al de las personas que se encuentran despiertas.

Controlar una pesadilla

Según Arthuro Mota Rolim, investigador de la Universidad Federal de Rio Grande del Norte (Brasil) la mejor forma de detener una pesadilla es despertarse. Sin embargo, algunas evidencias sugieren que es posible permanecer en una pesadilla eliminando el miedo, pues las personas son conscientes de que no existe ningún riesgo físico. Así, algunos participantes de la investigación han asegurado que han sido capaces de transformar una pesadilla en un sueño placentero.

Igualmente, una de las razones por las que existe tan poca investigación sobre el control de los sueños es que los investigadores están buscando maneras efectivas de inducir sueños lúcidos. Por ejemplo, en 2014 un equipo de científicos concluyó que el uso de determinadas frecuencias de estimulación eléctrica podía aumentar la probabilidad de que una persona se dé cuenta de lo que está soñando.

No obstante, se requiere de más investigación para conocer con exactitud qué sucede en nuestro cerebro mientras descansamos.

Vía: www.muyinteresante.es

GRÁFICO 1.

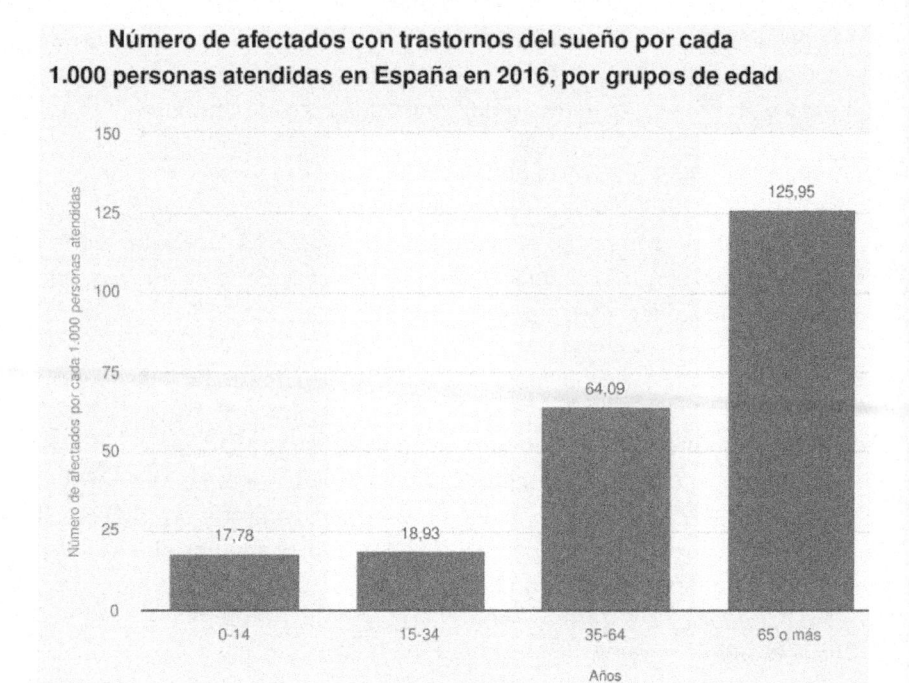

Número de afectados con trastornos del sueño por cada 1.000 personas atendidas en España en 2016, por grupos de edad

Edad (Años)	Número de afectados por cada 1.000 personas atendidas
0-14	17,78
15-34	18,93
35-64	64,09
65 o más	125,95

Vía: www.es.statista.com

GRÁFICO 2. HORAS DE SUEÑO EN NIÑOS

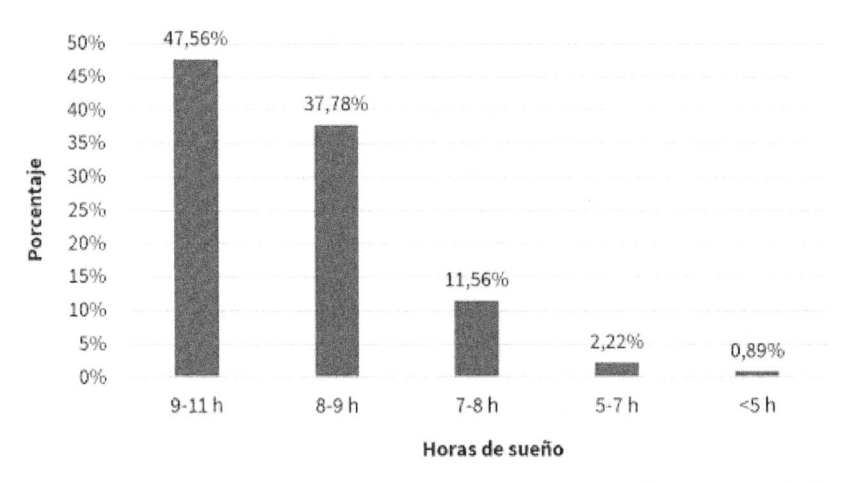

Horas de sueño	Porcentaje
9-11 h	47,56%
8-9 h	37,78%
7-8 h	11,56%
5-7 h	2,22%
<5 h	0,89%

Vía: www.scielo.isciii.es

TEXTO 2. Pesadillas y terrores nocturnos en niños

Ante un episodio de pesadillas los niños tienden a despertarse solos debido a la angustia y miedo sufridos. "Pueden recordar lo soñado de forma muy detallada, hasta el punto de creer que ha sucedido de verdad" aclara el especialista. Su periodo de máxima aparición se produce en el rango comprendido entre los 4 y los 8 años, en lo que se conoce como "la edad de los miedos" Aunque van desapareciendo con la edad de forma natural.

En esta línea, la experta de Sanitas ha elaborado un listado con claves para saber cómo actuar ante ello:

• Acudir en su ayuda e intentar despertarle suavemente, con palabras de cariño y caricias.

• No es necesario preguntarle sobre el contenido de la pesadilla. Conviene dejar el tema para otro momento. Pero escucharle si necesitan hablar de ello.

• Aclarar que se trata de una pesadilla y que está todo bien. En caso de ser necesario, se puede realizar un repaso de la habitación abriendo el armario o mirando debajo de la cama.

- Se puede recurrir a "soluciones mágicas" como productos anti-pesadillas que harán que el pequeño se sienta seguro y protegido.

Según la Organización Mundial de la Salud (OMS), los lactantes menores de tres meses de edad deben tener entre 14 y 17 horas de sueño de buena calidad, incluidas las siestas; y los de cuatro a once meses, de 12 a 16 horas. Los niños de uno a dos años deben dormir entre 11 y 14 horas y en la etapa preescolar (tres, cuatro y cinco años), entre 10 y 13 horas diarias. Por tanto, es conveniente vigilar que estos episodios de pesadillas o terrores nocturnos alteren en la menor medida posible el ritmo de sueño de los pequeños. En caso de que estos episodios se repitan frecuentemente, es conveniente acudir a la consulta del pediatra y exponerle el caso.

Vía: www.elperiodicodelafarmacia.com

TAREA 2

INSTRUCCIONES

Durante 5 o 6 minutos deberá conversar con el entrevistador sobre el tema de la Tarea 1. Amplíe la información y exprese con argumentos su punto de vista.

EJEMPLOS DE PREGUNTAS DEL EXAMINADOR

- Se trata de un tema bastante subjetivo, ¿cree usted que es posible realizar estudios y mediciones fiables sobre las pesadillas?
- ¿Qué consecuencias a largo plazo cree que pueden originar los trastornos agudos del sueño?
- ¿Qué le aconsejaría a una persona que sufre tales trastornos?
- ¿Imagina algún tipo de avance científico o tecnológico que nos pueda permitir controlar los sueños?
- ¿Conoce algún caso de alguien que sufra este tipo de trastornos? ¿A qué cree que pueden ser debidos?
- ¿Recuerda la última vez que tuvo una pesadilla?
- ¿Cree que el uso de fármacos para solucionar este tipo de problemas de salud?

TAREA 3

INSTRUCCIONES

Lea los siguientes titulares de diferentes periódicos sobre el envejecimiento de la población. A continuación, converse de modo informal con el entrevistador. Exprese su opinión sobre dichos titulares, si está de acuerdo con ellos o no y profundice sobre el tema.

EL PAÍS

DEMOGRAFÍA >

La bomba de relojería demográfica que amenaza a China: menos población y más envejecida

Cada año nacen menos niños en el país más poblado del mundo y el que más rápidamente envejece

En 2050, según las proyecciones de la Comisión Nacional sobre Envejecimiento, los mayores de 60 años superarán los 487 millones de personas, un 28% de su población y más que los habitantes de toda la Unión Europea.

ABC ECONOMÍA   Buscar

El gasto en pensiones sube un 2,6% en abril y alcanza un récord de 10.136 millones de euros

• La pensión media de jubilación alcanzó en abril los 1.186,87 euros, un 2,4% más que el año pasado

IDEAL

Edad de jubilación: ¿es diferente según la actividad profesional?

La edad ordinaria de jubilación puede ser rebajada en el caso de las personas con trabajos de naturaleza penosa o peligrosa.

MALDITA.ES   martes, 27 abril 2021

Cómo es la pensión vitalicia de los expresidentes de la Generalitat que acaba de pedir Artur Mas

Se ha hablado de que Artur Mas, expresidente de la Generalitat de Cataluña, ha pedido la pensión como 'expresidente' y está cobrando una pensión de 7.662 euros al mes.

VOCABULARIO
Y
MODELO 2

VOCABULARIO

¿Conoces estas palabras?

Cabecera	Burbuja
Rotativo	Vencimiento
Cronista	Pasma
Veraz	Hospicio
Franja	Segregación
En diferido	Indigente
Muro	Incentivo
Viga	Amparo
Cimientos	Lonja
Desahucio	Intermediario
Finca	Regateo
Azotea	Especulación
Trastero	Forro
Arrendador	Cinta
Arrendatario	Indumentaria
Destartalado	Costura
Reluciente	Cucurucho
Baldosa	Manojo
Perchero	Talón
Mirilla	Albarán

1. Relaciona las siguientes palabras con sus definiciones:

desván – atuendo – felpudo – tabique – remiendo – impoluto – azulejo – trapicheo – cuchitril – bragueta

1. Pared fina que sirve para separar ambientes dentro de un edificio.

2. Habitáculo muy pequeño, especialmente si está sucio o descuidado.

3. Parte más alta de una casa, inmediata al tejado, que generalmente tiene el techo inclinado; se utiliza para guardar cosas viejas o que no se usan habitualmente.

4. Ladrillo vidriado, de varios colores, usado para revestir paredes, suelos, etc., o para decorar.

5. Que está completamente limpio o no tiene ninguna mancha.

6. Pieza gruesa y alargada de material áspero y resistente, normalmente de fibra vegetal tejida de manera que queda su superficie a modo de cepillo, que se coloca en la entrada de un lugar para limpiarse la suela de los zapatos antes de entrar.

7. Comercio al por menor; especialmente, comercio de pequeñas cantidades de droga.

8. Arreglo o reparación, generalmente provisional, que se hace en una cosa para enmendarla o mejorarla.

9. Ropa exterior de una persona, en especial cuando es propia o característica de cierto lugar, época, acontecimiento o actividad.

10. Abertura que hay en la parte alta y delantera de un pantalón y que se cierra normalmente con una cremallera o botones.

2. Usa los verbos en las siguientes frases (conjugados adecuadamente).

emprender – maquetar – brindar – captar – desarticular – expropiar – desembolsar – sintonizar – auxiliar – pulir

1. Tuve una charla con el encargado, espero que nos .... la oportunidad de demostrar lo que valemos.

2. Mi abuela cada noche me pedía que le .... su emisora preferida, solo así podía dormirse.

3. No estaríamos organizando esta protesta si el banco no le .... anteayer su casa a esa pobre pareja, se han quedado en la calle.

4. El departamento de comunicación asegura que, gracias a esta nueva medida, la empresa .... unos diez mil nuevos clientes en el próximo trimestre.

5. Me dijo que .... el libro en tres semanas, pero se acerca la fecha de su publicación y apenas veo avances.

6. El comisario de policía se mostró orgulloso frente a las cámaras tras .... una banda criminal que se dedicaba al tráfico ilegal de inmigrantes.

7. Espero que .... la cantidad acordada antes de la fecha límite, estoy oyendo noticias muy preocupantes sobre ellos.

8. Cualquier transeúnte que se encuentre con un accidente de tráfico está en la obligación de .... a los heridos.

9. Si el gobierno quiere que los jóvenes .... debería ofrecer más subvenciones para nuevos proyectos empresariales.

10. Les pedí que .... la carrocería del vehículo, espero que la hayan dejado lisa y reluciente.

MODELO 2 HOJA DE RESPUESTAS

Tarea 1
1. A☐ B☐ C☐
2. A☐ B☐ C☐
3. A☐ B☐ C☐
4. A☐ B☐ C☐
5. A☐ B☐ C☐
6. A☐ B☐ C☐
7. A☐ B☐ C☐
8. A☐ B☐ C☐
9. A☐ B☐ C☐
10. A☐ B☐ C☐
11. A☐ B☐ C☐
12. A☐ B☐ C☐

Tarea 2
13. A☐ B☐ C☐ D☐ E☐ F☐ G☐
14. A☐ B☐ C☐ D☐ E☐ F☐ G☐
15. A☐ B☐ C☐ D☐ E☐ F☐ G☐
16. A☐ B☐ C☐ D☐ E☐ F☐ G☐
17. A☐ B☐ C☐ D☐ E☐ F☐ G☐
18. A☐ B☐ C☐ D☐ E☐ F☐ G☐

Tarea 3
19. A☐ B☐ C☐ D☐ E☐ F☐
20. A☐ B☐ C☐ D☐ E☐ F☐
21. A☐ B☐ C☐ D☐ E☐ F☐
22. A☐ B☐ C☐ D☐ E☐ F☐
23. A☐ B☐ C☐ D☐ E☐ F☐
24. A☐ B☐ C☐ D☐ E☐ F☐
25. A☐ B☐ C☐ D☐ E☐ F☐
26. A☐ B☐ C☐ D☐ E☐ F☐

Tarea 4
27. A☐ B☐ C☐ D☐ E☐ F☐ G☐ H☐ I☐ J☐ K☐ L☐
28. A☐ B☐ C☐ D☐ E☐ F☐ G☐ H☐ I☐ J☐ K☐ L☐
29. A☐ B☐ C☐ D☐ E☐ F☐ G☐ H☐ I☐ J☐ K☐ L☐
30. A☐ B☐ C☐ D☐ E☐ F☐ G☐ H☐ I☐ J☐ K☐ L☐
31. A☐ B☐ C☐ D☐ E☐ F☐ G☐ H☐ I☐ J☐ K☐ L☐

Tarea 5
32. A☐ B☐ C☐
33. A☐ B☐ C☐
34. A☐ B☐ C☐
35. A☐ B☐ C☐
36. A☐ B☐ C☐
37. A☐ B☐ C☐
38. A☐ B☐ C☐
39. A☐ B☐ C☐
40. A☐ B☐ C☐
41. A☐ B☐ C☐
42. A☐ B☐ C☐
43. A☐ B☐ C☐
44. A☐ B☐ C☐
45. A☐ B☐ C☐
46. A☐ B☐ C☐

Tarea 6
47. A☐ B☐ C☐
48. A☐ B☐ C☐
49. A☐ B☐ C☐
50. A☐ B☐ C☐
51. A☐ B☐ C☐
52. A☐ B☐ C☐

PRUEBA 1
USO DE LA LENGUA, COMPRENSIÓN DE LECTURA Y COMPRENSIÓN AUDITIVA

La prueba de **Comprensión de lectura** contiene seis tareas. Usted debe responder a 52 preguntas. Marque sus opciones únicamente en la **Hoja de respuestas**.

⏱ Duración:

- Comprensión de lectura: 60 minutos.
- Comprensión auditiva: 45 minutos.

TAREA 1

Instrucciones
Lea el texto y rellene los huecos (1-12) con la opción correcta (A, B o C).

Inversiones sostenibles

La preocupación mundial por la sostenibilidad está ampliando el horizonte de las oportunidades de inversión. De hecho, los criterios ambientales, sociales y de ......(1)........ están siendo empleados, cada vez más, por inversores (denominadas como inversiones sostenibles, verdes o responsables) para identificar empresas invertibles. Estas operaciones tienen mejor desempeño y mayor rendimiento.

BlackRock, gestora de fondos reconocida a nivel mundial, adoptó una estrategia de inversión sostenible a inicios de este año; y, en general, en Estados Unidos los fondos ......(2)....... como sostenibles tuvieron mejor rendimiento que los tradicionales, y los fondos orientados a la ......(3)....... del cambio climático crecieron debido al valor ......(4)....... de estas inversiones y a la creciente conciencia del riesgo que representa el efecto invernadero para el desempeño de las inversiones y para su éxito financiero a largo plazo.

Desde la adopción de la Agenda 2030 por la Asamblea General de las Naciones Unidas hay un mayor compromiso de los líderes mundiales para ......(5)....... el cumplimiento de los 17 objetivos de desarrollo sostenible (ODS) que enmarca. A partir de entonces, la Unión Europea se ha ......(6)....... a los ODS, aprobó el "Acuerdo de París" y, entre otras iniciativas, comunicó un "Plan de acción para financiar el crecimiento sostenible".

El Plan establece como una de sus medidas más ......(7)....... definir un sistema común de clasificación de las actividades e inversiones sostenibles para fijar el grado de sostenibilidad de una inversión; esta ......(8)....... se adoptó por el Parlamento Europeo.

Dentro de los efectos del Reglamento, a nivel europeo y español, estimo relevantes los siguientes:

El marco legal europeo al definir con claridad y transparencia las operaciones que son catalogadas como inversiones sostenibles, por una parte, ...(9)....... aquellas en las que se utiliza el adjetivo verde o responsable para maquillar productos o empresas que no cumplen con los requisitos y que utilizan tal calificación para captar el interés del consumidor y del inversor. Esta práctica de inducir a error sobre el compromiso de una empresa con la sostenibilidad se denomina como "blanqueo verde".

Por otra parte, facilita el camino para que el legislador premie a inversores con intereses en empresas sostenibles a través de beneficios fiscales como: deducciones sobre la base imponible, ...(10)....... sobre los retornos y con bonificaciones del tipo impositivo. Y también, para que ......(11)....... sanciones administrativas y penas para que los actos o inacciones se ......(12)....... como "blanqueo verde".

Adaptado de: www.aptki.com

OPCIONES

1. a) gobernanza	b) pulcritud	c) celeridad
2. a) extrapolados	b) facultativos	c) indexados
3. a) mitigación	b) efusión	c) confección
4. a) devoto	b) marginal	c) potencial
5. a) indemnizar	b) viabilizar	c) tasar
6. a) vinculado	b) pormenorizado	c) inculcado
7. a) menguantes	b) asfixiantes	c) relevantes
8. a) asepsia	b) taxonomía	c) solvencia
9. a) excluye	b) incluye	c) fusiona
10. a) depreciaciones	b) exenciones	c) embargos
11. a) tipifique	b) derroche	c) ancle
12. a) empeñen	b) icen	c) enmarquen

TAREA 2

INSTRUCCIONES

Lea el siguiente texto, del que se han extraído seis párrafos. A continuación lea los siete fragmentos propuestos (A-G) y decida en qué lugar del texto (13-18) hay que colocar cada uno de ellos. Hay un fragmento que no debe elegir.
Marque las opciones elegidas en la **Hoja de respuestas**.

LA SOLEDAD ES EL FACTOR QUE MÁS AFECTA A LA FELICIDAD

En el 'Instituto de la Felicidad' intentamos responder preguntas como qué diferencia a las sociedades más felices de las menos felices, dentro de cada sociedad, con el objetivo de desarrollar intervenciones que puedan mejorar el bienestar de la sociedad. ¿Por qué es importante para una sociedad medir y tener en cuenta la felicidad? ....(13)............ Esto nos permite tomar decisiones muy difíciles como sociedad que no tienen una respuesta sencilla, por ejemplo, el tema de si podemos ir en coche o no en nuestras ciudades. Todos queremos que sea lo más fácil posible ir desde nuestras casas a nuestros trabajos, pero sabemos que esto tiene una consecuencia y es que nuestras ciudades van a estar más contaminadas.

En España, desde 2014 el desempleo ha estado bajando y, sin embargo, la felicidad, según el ranking mundial de las Naciones Unidas, en España ha estado estancada desde hace 12 años. ....(14)............ Muchas de estas cosas pueden parecer un poco utópicas, sobre todo en los tiempos que vivimos, pero en realidad hay muchos países que están centrando sus políticas únicamente en el bienestar.

La soledad es el gran mal de nuestra sociedad y esto ya no es una opinión. ....(15)............ Normalmente, cuando pensamos en la soledad imaginamos a una persona que está alejada de todo el mundo, pero en realidad vemos a muchas personas que viven solas en ciudades abarrotadas de gente. Una de las medidas que tenemos para saber cuál es el grado de soledad de una persona es preguntarle si en caso de problemas tendría a alguien que le pueda ayudar. Ante esta pregunta, en Colombia, por ejemplo, el 13 por ciento de la gente dice que no tendría nadie que le pudiera ayudar en caso de problemas. ....(16)............

Se trata de un problema que afecta a todos por igual. ....(17)............ Aquí en Dinamarca tenemos un proyecto muy curioso. Hemos convertido las oficinas de una empresa de unos 200 empleados en un "laboratorio de la felicidad". Hemos estado midiendo la felicidad de todos los empleados a lo largo del tiempo, bueno, cada tres meses, y de nuevo hemos visto que uno de los problemas principales es la conexión social. Algunas de las intervenciones que hemos hecho para mejorar la conexión social son desarrollar clubs que cada empleado puede sugerir, clubs de cata de vino, para aprender a cocinar, etc. Lo que hemos visto es que las personas que se sienten solas no son precisamente las que tienen menos amigos, sino las que no tienen al menos una persona con la que hablar de asuntos íntimos y personales. En general cuando hablamos de soledad no se trata de cantidad, sino de calidad. ....(18)............

Adaptado de: www.aprendemosjuntos.elpais.com

FRAGMENTOS

A. Tenemos datos para corroborarlo, datos basados en la evidencia científica.

B. Bueno, si deseamos llamar a nuestra sociedad «sociedad del bienestar», deberíamos tener una medida fiable de si realmente nuestros ciudadanos son felices.

C. En el caso concreto de la gente muy joven, hemos visto algo muy paradójico y es que son los que más amigos tienen y sin embargo son los que más solos se sienten comparado con otros rangos de edad.

D. Siendo los alucinógenos los que aportan felicidad en mayores cantidades.

E. Si lo único que utilizamos para medir el progreso en la población es el producto interior bruto, la productividad o el desempleo, nunca vamos a saber realmente qué está afectando al bienestar de la gente.

F. Por lo tanto, cuando queremos reducir la soledad, se trata sobre todo de generar las condiciones que permitan a cada cual encontrar la persona con la que de verdad conecta.

G. La cuestión es qué podemos hacer como sociedad para reducir la soledad.

TAREA 3

INSTRUCCIONES

A continuación tiene seis textos (A-F) y ocho enunciados (19-26). Léalos y elija el texto que corresponde a cada enunciado. Recuerde que hay textos que deben ser elegidos más de una vez.

Marque las opciones elegidas en la **Hoja de respuestas**.

A. LOS PILARES DE LA TIERRA

Los pilares de la Tierra, quizá la obra más conocida de Ken Follett, es considerada como una de las grandes novelas históricas de los últimos 50 años y ha sido adaptada tanto a la televisión, en forma de miniserie, como al videojuego.

El gran maestro de la narrativa y el suspense nos transporta a la Edad Media, a un fascinante mundo de reyes, damas, caballeros, pugnas feudales, castillos y ciudades amuralladas. El amor y la muerte se entrecruzan vibrantemente en este magistral tapiz cuyo centro es la construcción de una catedral gótica. La historia se inicia con el ahorcamiento de un inocente en la plaza del pueblo y finaliza con la humillación de un rey.

Los pilares de la Tierra es la obra maestra de Ken Follett y constituye una excepcional evocación de una época de violentas pasiones.

B. ALIF EL INVISIBLE

Pocos son los que conocen el nombre real de este joven hacker que se crio en una ciudad de Oriente Medio, un lugar que tiene un pie en la era moderna y otro en la antigüedad. Alif creía haber encontrado al gran amor, pero los padres de ella han concertado su matrimonio con un príncipe.

Un enigmático libro titulado "Los mil y un días" acaba en manos del joven, que descubrirá que es un portal hacia otra realidad: un mundo que tiene su origen en una época muy lejana, cuando imperaba la magia antigua y los míticos djinn caminaban entre nosotros... Así empieza una trepidante aventura que llevará a Alif por las calles destartaladas de una vibrante metrópoli en plena ebullición social. En el punto de mira de todos, Alif se convierte en un fugitivo. Y está a punto de desatar una fuerza destructiva que lo cambiará todo, empezando por él mismo.

C. #MALDITOS16

Ali, Dylan, Naima y Rober son cuatro jóvenes que se conocieron en el peor momento de su vida: justo después de querer quitársela. Todos ellos intentaron acabar con su existencia cuando rondaban los dieciséis y ahora, a sus veintipocos, el hospital donde estuvieron internados les propone colaborar en un taller con adolescentes en su misma situación. Acuden con ganas de ser útiles y, a la vez, con miedo de que las grietas se abran y se liberen de nuevo los fantasmas.

Monstruos cotidianos de los que apenas se habla. Vidas invisibles, las suyas y las nuestras, que no protagonizan titulares ni ocupan espacio en los medios. Realidades que no existen porque no se nombran y que, sin embargo, todos compartimos. Y es que, aunque nos empeñemos en negarlo, aquellos #malditos16 siguen viviendo bajo el adulto que fingimos ser.

D. 10 MINUTOS, 10 MESES, 10 AÑOS

Tras experimentar durante una temporada algunas dificultades para conciliar su vida familiar con su vida profesional, Suzy Welch se planteó qué consecuencias iban a tener sus decisiones a corto, medio y largo plazo, especialmente en lo referente a su carrera profesional y al tiempo que iba a poder compartir con sus hijos. Desde entonces aplica la técnica de 10 minutos, 10 meses, 10 años en todos los ámbitos de la vida, un método que nos presenta en este libro y que en Estados Unidos ya ha ayudado a miles de personas.

El método es claro, sencillo y directo; se trata de hacerse preguntas clave: ¿qué consecuencias tendrá mi decisión de aquí a 10 minutos? ¿Y a 10 meses vista? ¿Y dentro de 10 años? Sólo respondiendo a estas tres preguntas sabremos con certeza cuál es la opción que más nos conviene.

E. (AMOR) WABI SABI

Imagina las infinitas posibilidades que podrían abrirse en tus relaciones de pareja si aprendieras a aceptar, a estimar, e incluso a agradecer las imperfecciones de la persona amada. No se trata solo de soportar los defectos de dicha persona, sino de encontrar la perfección dentro de todo lo imperfecto que hay en ella. Aprender a amar por la vía del Wabi Sabi es la forma más rápida de lograr esa conexión duradera, amorosa y sincera a la que aspiraste desde el momento en que te sentiste atraído por tu alma gemela. El libro Amor Wabi Sabi te proporciona las herramientas idóneas para contemplarte a ti mismo, a tu pareja y vuestra relación desde un nuevo prisma; con ellas podrás desarrollar un profundo aprecio por los demás, a la vez que experimentarás una serenidad, armonía y felicidad en tu relación de pareja como nunca antes habías vivido.

F. 13 DÍAS

Seattle. Han pasado veinticinco años desde que tres niños fueron raptados en el bosque; sólo dos volvieron con vida, el cuerpo del tercero nunca se recuperó y su muerte y el misterio de lo que ocurrió aquel día han marcado las vidas de todos los implicados.

Dos semanas antes de Navidad una familia aparece asesinada en su casa. Todas las pruebas apuntan a un hombre temido a ambos lados de la ley: John Cameron. Él fue uno de los niños que sobrevivió al secuestro.

El asesino ha dejado un mensaje grabado en el marco de una

puerta: TRECE DÍAS. Es el tiempo que concede a la detective de homicidios Alice Madison para que comprenda su propósito y cumpla el papel que le tiene destinado. Ahora ella, para atrapar al psicópata que está detrás de estas muertes, debe traicionar a sus compañeros y hacer un pacto con el diablo.

Adaptados de: www.lecturalia.com

PREGUNTAS

19. Unas personas fueron privadas temporalmente de su libertad.

A)   B)   C)   D)   E)   F)

20. Se plantean las secuelas que pueden conllevar los actos.

A)   B)   C)   D)   E)   F)

21. Tiene lugar una ejecución pública.

A)   B)   C)   D)   E)   F)

22. Pretende dar otro enfoque y fomentar la compenetración.

A)   B)   C)   D)   E)   F)

23. Alguien trató de suicidarse.

A)   B)   C)   D)   E)   F)

24. Una persona huye de alguien o algo.

A)   B)   C)   D)   E)   F)

25. Alguien no pudo compaginar sus quehaceres.

A)   B)   C)   D)   E)   F)

26. La lectura transmitirá sosiego y bonanza.

A)   B)   C)   D)   E)   F)

TAREA 4

INSTRUCCIONES

Usted va a escuchar una conferencia. Entre las doce opciones (A-L) usted deberá elegir las cinco que resumen la conferencia. Escuche la audición dos veces.

AUDIO EN MP3 DESCARGABLE O VÍDEO DE YOUTUBE "Comprensión Auditiva DELE C2":
19:21

OPCIONES

A) La labor se ve facilitada puesto que la competencia es estatal en su totalidad.

B) El plan de saneamiento está dirigido a municipios que incumplen la actual normativa.

C) Los protocolos han sido supervisados por el presidente.

D) Se realizarán reuniones en el futuro para tratar otras subvenciones.

E) La cuantía del presupuesto para las inversiones de gestión de residuos es inferior a 400 millones de euros.

F) Se estima que en 2025 la tasa de reciclaje rondará el 100%.

G) La cantidad de habitantes por kilómetro cuadrado se tendrá en cuenta a la hora de distribuir las ayudas.

H) Se desmantelarán las plantas de tratamiento de biorresiduos.

I) Las comunidades autónomas tardarán 15 meses en recibir los fondos de las subvenciones.

J) Se tratará de mitigar los efectos medioambientales de la red eléctrica y de las excavaciones mineras.

K) Los fondos para el Plan de Impulso al Medio Ambiente provienen de licitaciones.

L) Se crearán sinergias internacionales para combatir con efectividad el cambio climático.

TAREA 5

INSTRUCCIONES

Usted va a escuchar a dos personas opinando sobre la muerte asistida o eutanasia. Deberá marcar, de las 15 frases (32-46), qué ideas expresa el hombre (A), cuáles la mujer (B) o ninguno de los dos (C). Escuche la audición dos veces.

AUDIO EN MP3 DESCARGABLE O VÍDEO DE YOUTUBE "Comprensión Auditiva DELE C2": 25:03

		(A) HOMBRE	(B) MUJER	(C) NINGUNO
32.	La mentalidad médica ha variado durante la historia.	☐	☐	☐
33.	Hay consenso global sobre la eutanasia.	☐	☐	☐
34.	Extinguir la vida no es el propósito de un médico.	☐	☐	☐
35.	El fallecimiento del paciente es la derrota de la medicina.	☐	☐	☐
36.	Un tercio de los médicos apoya la muerte asistida.	☐	☐	☐
37.	Aunque existan paliativos el paciente puede elegir morir.	☐	☐	☐
38.	Holanda se replantea su política actual del tema.	☐	☐	☐
39.	Un holandés debe pedir la eutanasia repetidas veces.	☐	☐	☐
40.	La franqueza en la relación con el paciente se erosiona.	☐	☐	☐
41.	El médico es quien mejor solventaría contratiempos.	☐	☐	☐
42.	Un tutor legal puede pedir la eutanasia de su tutelado.	☐	☐	☐
43.	El estado anímico del doctor puede verse afligido.	☐	☐	☐
44.	Ningún país exige al médico que realice la eutanasia.	☐	☐	☐
45.	En ocasiones, el médico se convierte en guía espiritual.	☐	☐	☐
46.	Aceptar una solicitud de eutanasia es un dilema.	☐	☐	☐

TAREA 6

INSTRUCCIONES

Usted va a escuchar una entrevista. Después debe contestar a las preguntas (47-52), Seleccione la opción correcta (A, B o C). Escuche la entrevista dos veces.

AUDIO EN MP3 DESCARGABLE O VÍDEO DE YOUTUBE "Comprensión Auditiva DELE C2":
30:21

PREGUNTAS

47. **La persona entrevistada asegura que...**
    a) una de sus deportistas obtuvo una medalla en las paralimpiadas.
    b) la existencia de su proyecto no sería posible sin la competición a nivel internacional.
    c) su labor consiste en captar a personas que desconocen el proyecto.

48. **Se menciona en la entrevista que uno de los objetivos es...**
    a) que los equipos profesionales dispongan de una sección de deporte adaptado.
    b) generar beneficios económicos para la sociedad.
    c) la creación de herramientas online para agilizar los procesos.

49. **A lo largo de la entrevista se comenta que...**
    a) los usuarios, poco a poco, se van desvinculando de los clubes.
    b) los temores iniciales se han desvanecido.
    c) los convenios han entorpecido el trabajo notablemente.

50. **En cuanto a los beneficios para los individuos, se dice que...**
    a) aprenden a transmitir nuevos valores a su día a día.
    b) reducen progresivamente su nivel de discapacidad y vuelven a la vida normal.
    c) la visión periférica aumenta con el espíritu competitivo.

51. **Durante la entrevista, se afirma que...**
    a) el deporte adaptado carece de inversión estatal para la alta competición.
    b) la normativa del deporte adaptado es extensa y meticulosa.
    c) los medios de comunicación aportan información precisa.

52. **La persona entrevistada comenta que el deporte adaptado...**
    a) puede ser una fuente de cuantiosos ingresos para los auxiliares.
    b) le ayuda a afrontar sus momentos de debilidad.
    c) está en una época de decadencia.

PRUEBA 2. DESTREZAS INTEGRADAS: COMPRENSIÓN AUDITIVA Y EXPRESIÓN E INTERACCIÓN ESCRITAS

Esta prueba contiene 3 tareas.

⏱ Duración: 150 minutos.

Haga sus tareas en la **Hoja de respuestas**.

TAREA 1

INSTRUCCIONES

Usted trabaja en una revista científica y le han pedido que redacte un artículo sobre el planeta Marte. Para ello cuenta con el audio de una noticia de prensa y dos textos.

Primero, escuche el audio dos veces. Tome notas y, después, utilizando todas las fuentes proporcionadas, redacte su artículo seleccionando la información que considere oportuna.

Número de palabras: **entre 400 y 450**.

AUDIO EN MP3 DESCARGABLE O VÍDEO DE YOUTUBE "Comprensión Auditiva DELE C2": 35:54

TEXTO 1

¿CUÁLES SERÍAN LOS RIESGOS PARA LA SALUD SI VIVIÉRAMOS EN EL ESPACIO?

Duro varapalo para los planes de pisar algún día Marte. Acaba de publicarse lo que se considera "el mayor conjunto de datos de biología espacial y efectos sobre la salud de los astronautas jamás producido", según se puede leer en un comunicado de prensa de la Universidad Estatal de Colorado. Problemas cardiacos, oculares, estrés oxidativo, trastornos inmunológicos... la lista de daños a los que se enfrentan los astronautas es extensa. Una de las autoras de este estudio es Susan Bailey, esta doctora es bastante conocida en la NASA ya que fue una de las encargadas de estudiar a los gemelos Kelly: el famosos "Twin Study" tras ver cómo uno de los hermanos astronautas parecía haber rejuvenecido sorprendentemente. En 2015, Scott (uno de los gemelos) se embarcó en la Estación Espacial Internacional durante 340 días. A su regreso parecía mucho más rejuvenecido que su hermano Mark, que se había quedado en tierra.

Sin embargo, este aparente "elixir de la juventud" traía malas noticias: los telómeros, las "tapas protectoras" de los cromosomas sufrían cambios llamativos. Es un importante biomarcador del envejecimiento: en el espacio, se alargaron, una señal de rejuvenecimiento, pero al regresar se acortaron mucho más de lo que estaban antes de iniciar el viaje espacial.

Según recoge la revista Cell, Susan Bailey ha reconocido que ver que los telómeros se alargaban en el espacio fue una sorpresa. Ella esperaba lo contrario y, ahora, tienen una explicación: el elevado estrés oxidativo que se produce en el espacio puede desencadenar daños en el ADN. "Las células sanguíneas normales están muriendo y tratando de sobrevivir. Se están adaptando a su nuevo entorno. Algunas células activarán una vía alternativa para mantener funcionando sus telómeros. Es similar a lo que sucede con algunos tumores. Algunas de las células emergen de este proceso. Eso es lo que creemos que estamos viendo durante los vuelos espaciales", ha explicado. Por lo tanto, en estos casos, el alargamiento de los telómeros no era una buena señal. Podrían indicar que la persona tiene más riesgo de un envejecimiento acelerado o de enfermedades que acompañan al envejecimiento, como el cáncer. El estrés oxidativo también dañaría el sistema cardiovascular, inmunológico y neurológico, y podría provocar problemas metabólicos.

No solo hay problemas a nivel molecular. La gravedad atrofia la musculatura y provoca que los huesos pierdan calcio. Además, se alarga temporalmente la columna vertebral. Sharmila Bhattacharya, otra de las investigadoras de la NASA participante en el estudio asegura que, "si queremos establecer una colonia en la Luna o enviar astronautas a Marte, es imperativo que comprendamos los efectos de la microgravedad extendida sobre el cuerpo humano". Antes de enviar astronautas a Marte tenemos que comprender los efectos de la microgravedad. Obviamente el estudio en humanos es bastante improbable, por lo que el equipo de Bhattacharya ha analizado los efectos que produce la ausencia de gravedad en las moscas de la fruta, un insecto que comparte 75% de genes con el hombre y tiene el corazón dividido en cuatro cámaras como los humanos. Las moscas que viajaron en la Estación Espacial Internacional durante tres semanas (equivaldría a tres décadas en un humano) sufrieron importantes daños cardiacos. Las fibras musculares cardiacas perdieron alineación y disminuyeron su capacidad de bombeo, entre otros daños detectados.

Adaptado de: www.elconfidencial.com

TEXTO 2

RAZONES PARA TRAER MUESTRAS DE MARTE

Hace más de 50 años que la sonda estadounidense Mariner 4 llegó a la órbita de Marte en 1964, marcando así el inicio de la exploración robótica del planeta vecino. Medio centenar de misiones se han enviado desde entonces, y apenas la mitad han tenido éxito. Gracias a ese puñado de orbitadores sabemos que Marte es un pedregal helado con una atmósfera muy tenue, que hay agua en sus polos y que es posible que haya albergado vida en el pasado. Todo esto plantea nuevas preguntas a los científicos, que requieren traer a la Tierra muestras del suelo y el aire marcianos. Parece difícil, pero estas son las principales razones por las que valdría la pena intentarlo:

En la Tierra hay mejores instrumentos, las muestras marcianas podrían analizarse aquí con la mejor tecnología posible y hacer experimentos hasta ahora vedados. Además, se podrían manipular las muestras y prepararlas para hacer análisis mucho más precisos, algo muy complicado para un robot.

En realidad en la Tierra tenemos ya más de 100 meteoritos procedentes del planeta rojo. Se cree que estas rocas fueron arrancadas de Marte y puestas en órbita por impactos de grandes asteroides. Estos meteoritos han revelado mucho acerca de la composición de Marte pero ya han sido estudiados hasta el límite. Los científicos no pueden aprender nada más de ellos, pues carecen de información para ponerlos en contexto: por ejemplo, no saben de qué parte del planeta proceden. Además, han sufrido alteraciones debido a la fuerza del impacto que los envió al espacio y muchos han sido contaminados por materiales terrestres. Por eso los científicos quieren muestras frescas que puedan ubicar en un contexto geológico marciano.

La búsqueda de vida es y ha sido el principal motor de la exploración de Marte. Las pruebas realizadas parecían confirmar la ausencia de vida en la superficie, pero sus experimentos han sido muy cuestionados por ser demasiado geocéntricos, es decir, buscaban vida tal y como la conocemos en la superficie terrestre.

Por otra parte, si la vida existió alguna vez en Marte es muy difícil que los instrumentos de un vehículo robótico puedan hallar pruebas. Los microbios no forman fósiles fáciles de detectar y encontrar restos de materia orgánica de miles de millones de años de antigüedad requeriría de instrumentos extremadamente sensibles y una preparación muy compleja de las muestras. Lo que nos lleva de nuevo a la primera razón: solo analizando ese material marciano en la Tierra se podrá responder definitivamente a la pregunta de si hubo vida en Marte.

Obtener muestras de Marte aportaría un mayor conocimiento sobre el suelo marciano y su atmósfera. Muchos de los planes para enviar humanos a Marte cuentan con poder aprovechar los recursos presentes en el entorno durante la estancia; por ejemplo, extrayendo oxígeno del aire o agua del subsuelo, pero no se sabe cómo pueden funcionar allí los equipos de filtrado de aire o de obtención de agua. Igualmente, se ha planteado la posibilidad de cultivar alimentos en suelo marciano, lo que reduciría mucho la cantidad de provisiones que habría que llevar. Estudiar muestras del suelo marciano permitiría saber si estos planes son o no viables.

Adaptado de : www.bbvaopenmind.com

TAREA 2

> **INSTRUCCIONES**
> A usted le han pedido que corrija el artículo de un blog traducido automáticamente por un programa informático. Estructúrelo de una manera coherente, puntúelo adecuadamente y corrija los errores, eliminando redundancias o repeticiones.
> Número de palabras: **entre 150 y 250**.

¿DEBEN EMBARAZADAS VACUNAR CONTRA CORONAVIRUS?

El equipo de expertos Sociedad de Ginecólogos basa en análisis de datos mundiales publicitados y en investigaciones y observaciones propias y está de acuerdo con las posiciones presentadas que afirman que vacunas contra COVID-19 deben ofrecer a mujeres embarazadas y lactantes.

información de que las futuras madres deberían vacunarse despejó muchas mujeres embarazadas con dudas que no sabrán si podían vacunarse. La Sra. Isabel tiene 26 semanas embarazo. Cuándo le preguntó a su ginecólogo puedo vacunarme escuchó qué solo podría dañarla a ella y el bebé.

"El médico dijera que tan como no se deben tomar medicamentos entre el embarazo no sé sabe como reaccionarán el cuerpo de la vacuna. Hoy sé que me voy a vacunar" dice la mujer.

El coronavirus no pasa por alto incluso a las embarazadas. También puedan enfermarse. Los científicos enfatizan las mujeres embarazadas pertenecen al grupo de mayor riesgo de curso severo de infección por el virus por lo que deben vacunarte.

Tampoco es un mayor riesgo de vacunación contra COVID-19 en mujeres embarazadas comparación con resto de la población en edad reproductiva y no hay y datos sobre los efectos nocivo de la vacuna en el desarrollo en feto desde el momento de la fertilización informa la Sociedad de Ginecólogos.

TAREA 3

INSTRUCCIONES

Debe redactar un texto informativo para un blog sobre la piratería a partir de los gráficos proporcionados, valorando y resumiendo los datos más relevantes.

Número de palabras: **entre 200 y 250**.

El uso de software pirata en el mundo
% de software sin licencia en los ordenadores de países seleccionados (en %)

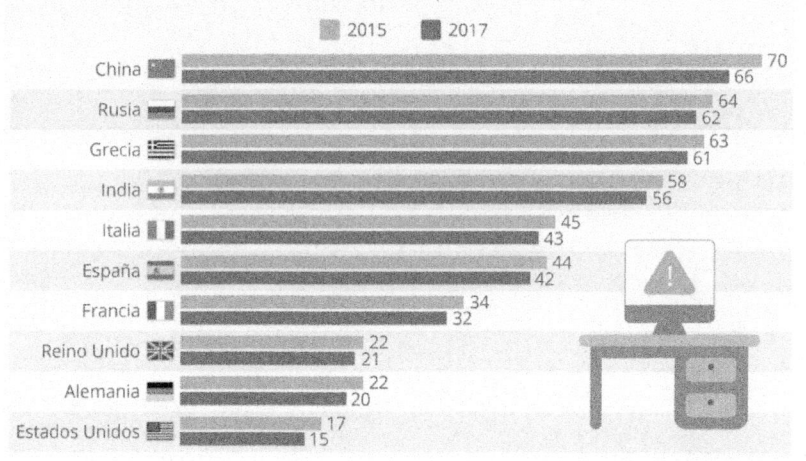

2015 — 2017

País	2015	2017
China	70	66
Rusia	64	62
Grecia	63	61
India	58	56
Italia	45	43
España	44	42
Francia	34	32
Reino Unido	22	21
Alemania	22	20
Estados Unidos	17	15

Vía: www.es.statista.com

POR QUÉ SE PIRATEAN CONTENIDOS

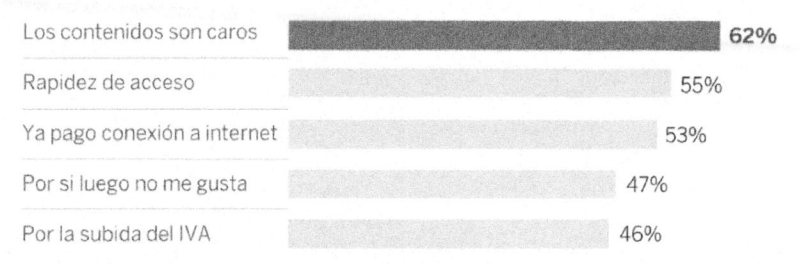

Los contenidos son caros	62%
Rapidez de acceso	55%
Ya pago conexión a internet	53%
Por si luego no me gusta	47%
Por la subida del IVA	46%

CÓMO ACCEDEN A LOS CONTENIDOS DIGITALES
En porcentaje

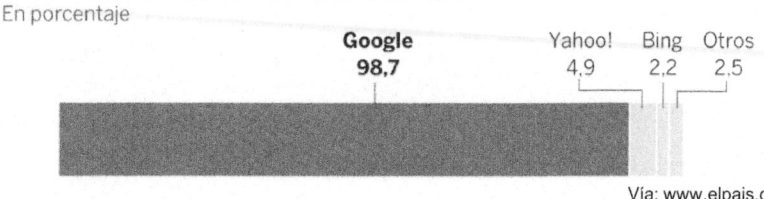

Google	Yahoo!	Bing	Otros
98,7	4,9	2,2	2,5

Vía: www.elpais.com

PRUEBA 3. DESTREZAS INTEGRADAS: COMPRENSIÓN DE LECTURA Y EXPRESIÓN E INTERACCIÓN ORALES

Esta prueba contiene tres tareas:

Tiene 30 minutos para preparar la Tarea 1.

Usted puede tomar notas y escribir un esquema de su exposición que podrá consultar durante el examen; en ningún caso podrá limitarse a leer el esquema o sus notas.

TAREA 1

INSTRUCCIONES

Prepare una presentación de 6-7 minutos sobre el tema de las familias monoparentales inspirándose en el material de apoyo que se le ofrece. Explique al entrevistador:
- la situación actual de las familias monoparentales;
- los problemas que sufren;
- la solución del gobierno.

TEXTO 1

¿MEJORARÁ UNA RED PÚBLICA DE CUIDADORAS LA SITUACIÓN DE LAS FAMILIAS MONOPARENTALES?

Antes de la pandemia ya era difícil cuidar y tener un trabajo remunerado. Después, se convirtió en (casi) un imposible. ¿Cómo sostener dos cosas tan enormes a la vez? Las familias monomarentales han sido de las más afectadas en la pandemia, desde que empezó la pandemia muchas madres han tenido que elegir entre seguir trabajando o cuidar a sus hijos e hijas. Otras mujeres ni siquiera han podido plantearse esta dicotomía.

Según recoge el estudio Género y Pobreza, elaborado por EAPN, el 81,1% de los casi dos millones de hogares monoparentales están encabezados por una mujer. Las madres con hogares monoparentales tienen muchas más dificultades a la hora de conciliar y acceder al mercado laboral, lo que las lleva a acabar con salarios mucho más bajos que los hombres y a estar mucho más expuestas a la pobreza. Las tasas de estrés y fatiga mental de las madres se dispararon durante la pandemia, con las consecuencias psicoafectivas que esto tiene en los y las menores a medio y largo plazo", explica.

Para Marta Seiz Puyuelo, doctora en Ciencias Políticas y Sociales, el teletrabajo no es posible en todos los empleos, algo que complica aún más su situación porque "la externalización del cuidado mediante la contratación de servicios remunerados puede ser también particularmente difícil en muchas de estas familias, dado su elevado coste en relación con el salario de un solo progenitor".

Sabe de estas dificultades en primera persona Lucía, que forma junto a su hija de seis años una familia monomarental por elección. "Durante el confinamiento perdí la cuenta de las libranzas que tuve que emplear para cubrir aquellos primeros días. Terminé pidiendo una reducción al 100% para poder quedarme en mi casa con mi hija", cuenta.

¿Mejorará el Plan Corresponsables la situación de las familias monoparentales?

El pasado 9 de marzo el Consejo de Ministros aprobaba el llamado Plan Corresponsables, un prometedor sostén para las familias con hijos e hijas de hasta 14 años consistente en la posibilidad de acceder a una red pública de cuidadoras (y cuidadores). El objetivo, según el Ministerio de Igualdad, es facilitar la conciliación de las familias que se encuentran en situaciones más desfavorables.

Aunque el plan puede beneficiar a los hogares monoparentales, la realidad es que este es un plan que no está dirigido solamente a este tipo de hogares. Por eso desde EAPN se demanda que existan criterios homogéneos para acceder a estas bolsas de cuidados a domicilios, con independencia del territorio. Actualmente existen comunidades que tienen muy avanzada la definición de diversidad familiar y cuentan con políticas ya establecidas, mientras que hay otras que no han trabajado en este aspecto.

Marta Seiz, por su parte, ve una mejora la creación de una red pública de cuidados porque considera que todas las medidas que pongan los cuidados en valor y en el centro en nuestra sociedad son fundamentales. Reconoce también la doctora que no podemos olvidar la necesidad de continuar fomentando la corresponsabilidad dentro de los hogares. "Buena parte de las dificultades de conciliación o para atender correctamente las necesidades de cuidado, así como el impacto desproporcionado que tienen actualmente las mismas sobre la salud y la vulnerabilidad económica de las personas cuidadoras (habitualmente mujeres), se mitigarían de forma considerable si esta corresponsabilidad entre hombres y mujeres fuera una realidad", concluye.

Vía: www.elpais.com

GRÁFICO 1

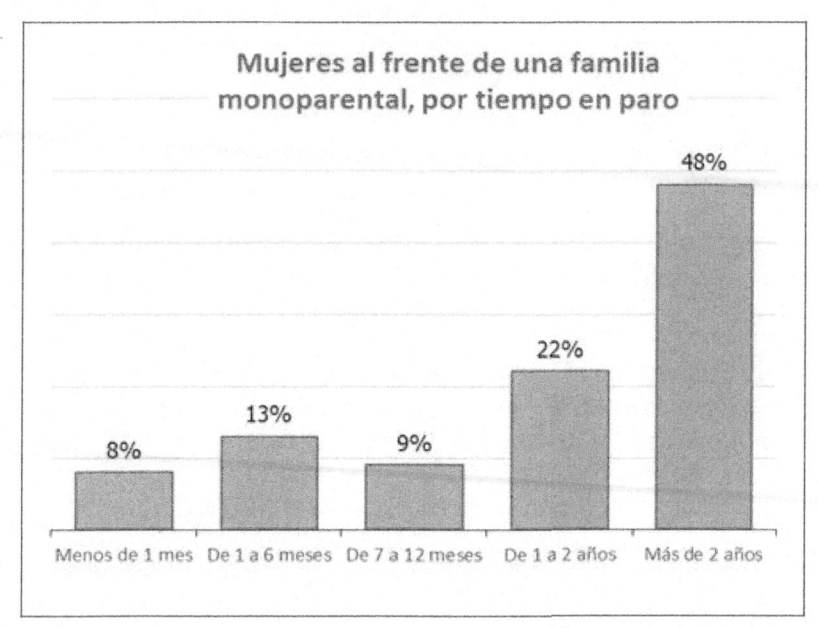

Mujeres al frente de una familia monoparental, por tiempo en paro

Tiempo en paro	Porcentaje
Menos de 1 mes	8%
De 1 a 6 meses	13%
De 7 a 12 meses	9%
De 1 a 2 años	22%
Más de 2 años	48%

Vía: www.fundacionadecco.org

GRÁFICO 2

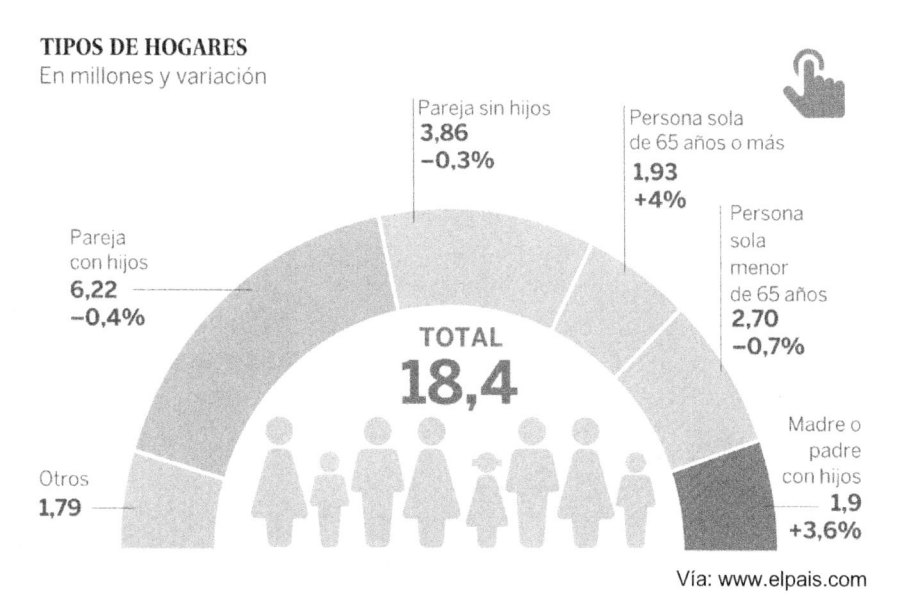

TIPOS DE HOGARES
En millones y variación

- Pareja con hijos: 6,22 / −0,4%
- Pareja sin hijos: 3,86 / −0,3%
- Persona sola de 65 años o más: 1,93 / +4%
- Persona sola menor de 65 años: 2,70 / −0,7%
- Madre o padre con hijos: 1,9 / +3,6%
- Otros: 1,79
- TOTAL: 18,4

Vía: www.elpais.com

TEXTO 2

RIESGOS DE LAS FAMILIAS MONOPARENTALES

Los últimos datos del informe AROPE ponen de manifiesto un alarmante riesgo de pobreza en el caso de las familias monoparentales, del 53,3%. Este porcentaje constituye casi el doble que el relativo al resto de hogares (27,9%), y sitúa a los hogares monoparentales a la cabeza en riesgo de pobreza y exclusión.

Además de liderar este ranking, las familias monoparentales son las que han experimentado un mayor crecimiento de su índice AROPE durante el último año, del 50,1% al 53,3% actual. En otras palabras, el índice de pobreza ha crecido en una proporción del 6,3%, mientras que la tasa general ha disminuido en un 2,4%, del 28,6% al 27,9%.

Detrás del 53,3% de riesgo de pobreza o exclusión social, predominan las personas al frente de una familia monoparental que son desempleados de larga duración o trabajan en situación irregular (sin contrato), en la economía sumergida.

Desempleo estructural y economía sumergida

Este desempleo de larga duración puede derivar en la economía sumergida: la ausencia prolongada de ingresos conduce a muchas mujeres con responsabilidades familiares no compartidas a desempeñar trabajos no regulados, concentrados principalmente en sectores como la hostelería, la atención a personas dependientes y/o el servicio doméstico. Una realidad que tiene nefastas consecuencias en la economía global y que, además, genera una preocupante desprotección del trabajador, conduciendo directamente a la precariedad y a la exclusión"- destaca Francisco Mesonero, director general de la Fundación Adecco.

Vía: www.fundacionadecco.org

TAREA 2

INSTRUCCIONES

Durante 5 o 6 minutos deberá conversar con el entrevistador sobre el tema de la Tarea 1.

Amplíe la información y exprese con argumentos su punto de vista.

EJEMPLOS DE PREGUNTAS DEL EXAMINADOR

- ¿Considera usted que este problema afecta por igual a países ricos y en vías de desarrollo?
- ¿Cree que este problema tiene solución a corto plazo? ¿Cómo lo abordaría usted?
- ¿En su país se toma algún tipo de medida para mejorar la situación de las familias monoparentales?
- ¿Considera que los gráficos representan la realidad de la sociedad actual?
- ¿Conoce algún caso de alguien que se encuentre en una situación similar? ¿Cómo es su día a día?
- ¿Cuál es su opinión general sobre las ayudas sociales? ¿Son todas necesarias?
- ¿Cree que los niños que crecen en este tipo de familias pueden verse afectados psicológicamente?

TAREA 3

INSTRUCCIONES

Lea los siguientes titulares de diferentes periódicos sobre la inmigración. A continuación, converse de modo informal con el entrevistador. Exprese su opinión sobre dichos titulares, si está de acuerdo con ellos o no y profundice sobre el tema.

Noticias ONU

Chile ha de suspender de inmediato las expulsiones colectivas de inmigrantes, dicen expertos de la ONU

Desde el pasado mes de febrero, Chile ha expulsado a cientos de migrantes sin previamente realizar una evaluación individual auténtica de la situación de cada persona y sin poder solicitar protección de acuerdo con el derecho internacional de los derechos humanos y de los refugiados.

SUR

Cruz Roja atiende en las últimas horas a 21 migrantes llegados a Benalmádena a bordo de dos pateras.

Todos eran varones de origen magrebí, ocho de los cuales presentaban diversas heridas.

CONFILEGAL

Desmantelada una organización criminal dedicada a favorecer la inmigración irregular entre Argelia y España con 'pateras taxi'

La Guardia Civil ha culminado una investigación que se ha saldado con 24 detenidos como presuntos autores de los delitos de detención ilegal, amenazas graves, coacciones, tráfico de droga y de pertenencia a organización criminal.

Granada Hoy

"Con un traje puesto soy Will Smith o un futbolista, no el negrito que viene a robar"

· El emprendedor ghanés creó hace diez años una ONG en Barcelona para formar a los jóvenes de su región después de atravesar el Sáhara a pie, sobrevivir a las mafias y cruzar el Estrecho de Gibraltar en patera.

VOCABULARIO
Y
MODELO 3

VOCABULARIO

¿Conoces estas palabras?

Erradicación	Intrincado
Histeria	Precipicio
Fobia	Avalancha
Nocivo	Arnés
Convaleciente	Hospedaje
Secuela	Mozo
Brecha	Pavimento
Drenaje	Cuneta
Punzada	Fusible
Alivio	Patrón
Achaque	Regata
Pachucho	Mástil
Vahído	Infractor
Celador	Tasación
Asepsia	Opulencia
Ácaro	Bonanza
Mugriento	Holgura
Capilar	Avalista
Navaja	Absorción
Peregrino	Fusión

1. Relaciona las siguientes palabras con sus definiciones:

pulcro – cardenal – macuto – tez – tumor – alud – sedante – pernicioso – abrupto – pocho

1. Masa de tejido de una parte del organismo cuyas células sufren un crecimiento anormal y no tienen ninguna función fisiológica; estas células tienen tendencia a invadir otras partes del cuerpo.

2. Que causa mucho daño o es muy perjudicial.

3. Mancha amoratada, negruzca o amarillenta de la piel a consecuencia de un golpe u otra causa.

4. Que está triste o con poco ánimo.

5. Dicho de un fármaco: Que disminuye la excitación nerviosa o produce sueño.

6. Delicado, esmerado en la conducta y el habla.

7. Superficie, especialmente la del rostro humano.

8. Saco o mochila de tela fuerte o piel que se carga a la espalda, especialmente el que utilizan los militares para llevar sus pertenencias.

9. Dicho de un terreno: Escarpado, quebrado o de difícil acceso.

10. Masa grande de nieve que se desliza por la ladera de una montaña violenta y estrepitosamente, arrastrando con ella todo lo que encuentra a su paso.

2. Usa los verbos en las siguientes frases (conjugados adecuadamente).

supurar – zarpar – acicalar – asfaltar – despeñarse – padecer – bifurcarse – rasgar – encallar – erigirse

1. La embarcación pasó por una zona de arrecifes y .... con unas rocas, tuvieron que remolcarlo.

2. Espero que aprueben pronto los nuevos presupuestos municipales y que .... de una vez las calles de mi barrio, apenas se puede circular.

3. Es una lástima que los niños .... enfermedades graves, no puedo evitar ponerme a llorar cuando los veo en el hospital.

4. Como la herida .... bastante, decidimos ir a una farmacia para comprar unas gasas y agua oxigenada.

5. Gracias a sus habilidades comunicativas, no tardó mucho en .... como líder del grupo.

6. En cuanto a la construcción de este tramo, quiero que el camino .... más o menos en este punto, así facilitaremos el acceso a ambas naves.

7. No hace falta que se .... tanto para salir de fiesta, ella tiene un cutis muy hermoso.

8. Lo último que se supo es que la lancha .... del puerto hace apenas cuatro horas, siguen rastreando la baliza de rescate.

9. Si sigue caminando así por el borde del acantilado acabará ...., dile que lleve más cuidado.

10. Él tenía las uñas tan largas que me .... la camiseta al agarrarme.

MODELO 3 HOJA DE RESPUESTAS

Tarea 1
1 A☐ B☐ C☐
2 A☐ B☐ C☐
3 A☐ B☐ C☐
4 A☐ B☐ C☐
5 A☐ B☐ C☐
6 A☐ B☐ C☐
7 A☐ B☐ C☐
8 A☐ B☐ C☐
9 A☐ B☐ C☐
10 A☐ B☐ C☐
11 A☐ B☐ C☐
12 A☐ B☐ C☐

Tarea 2
13 A☐ B☐ C☐ D☐ E☐ F☐ G☐
14 A☐ B☐ C☐ D☐ E☐ F☐ G☐
15 A☐ B☐ C☐ D☐ E☐ F☐ G☐
16 A☐ B☐ C☐ D☐ E☐ F☐ G☐
17 A☐ B☐ C☐ D☐ E☐ F☐ G☐
18 A☐ B☐ C☐ D☐ E☐ F☐ G☐

Tarea 3
19 A☐ B☐ C☐ D☐ E☐ F☐
20 A☐ B☐ C☐ D☐ E☐ F☐
21 A☐ B☐ C☐ D☐ E☐ F☐
22 A☐ B☐ C☐ D☐ E☐ F☐
23 A☐ B☐ C☐ D☐ E☐ F☐
24 A☐ B☐ C☐ D☐ E☐ F☐
25 A☐ B☐ C☐ D☐ E☐ F☐
26 A☐ B☐ C☐ D☐ E☐ F☐

Tarea 4
27 A☐ B☐ C☐ D☐ E☐ F☐ G☐ H☐ I☐ J☐ K☐ L☐
28 A☐ B☐ C☐ D☐ E☐ F☐ G☐ H☐ I☐ J☐ K☐ L☐
29 A☐ B☐ C☐ D☐ E☐ F☐ G☐ H☐ I☐ J☐ K☐ L☐
30 A☐ B☐ C☐ D☐ E☐ F☐ G☐ H☐ I☐ J☐ K☐ L☐
31 A☐ B☐ C☐ D☐ E☐ F☐ G☐ H☐ I☐ J☐ K☐ L☐

Tarea 5
32 A☐ B☐ C☐
33 A☐ B☐ C☐
34 A☐ B☐ C☐
35 A☐ B☐ C☐
36 A☐ B☐ C☐
37 A☐ B☐ C☐
38 A☐ B☐ C☐
39 A☐ B☐ C☐
40 A☐ B☐ C☐
41 A☐ B☐ C☐
42 A☐ B☐ C☐
43 A☐ B☐ C☐
44 A☐ B☐ C☐
45 A☐ B☐ C☐
46 A☐ B☐ C☐

Tarea 6
47 A☐ B☐ C☐
48 A☐ B☐ C☐
49 A☐ B☐ C☐
50 A☐ B☐ C☐
51 A☐ B☐ C☐
52 A☐ B☐ C☐

PRUEBA 1
USO DE LA LENGUA, COMPRENSIÓN DE LECTURA Y COMPRENSIÓN AUDITIVA

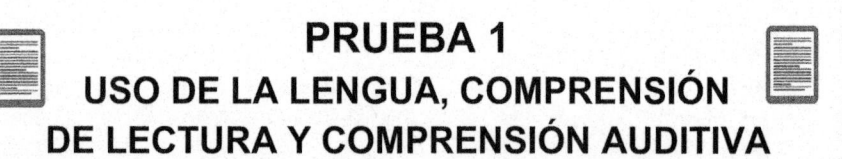

La prueba de **Comprensión de lectura** contiene seis tareas. Usted debe responder a 52 preguntas. Marque sus opciones únicamente en la **Hoja de respuestas**.

Duración:

- Comprensión de lectura: 60 minutos.
- Comprensión auditiva: 45 minutos.

TAREA 1

Instrucciones
Lea el texto y rellene los huecos (1-12) con la opción correcta (A, B o C).

El iceberg más grande del mundo se separa de la Antártida

Han sido los satélites de la Agencia Espacial Europea los que han detectado el ......(1)....... del iceberg ......(2)....... como A-76 en la Antártida. El trozo de hielo en forma de dedo, que tiene aproximadamente 170 kilómetros de largo y 25 kilómetros de ancho, flota ahora libremente en el mar de Weddell, una gran bahía en el oeste de la Antártida donde el explorador Ernest Shackleton perdió ......(3)....... su barco, el Endurance, debido precisamente a un bloque de hielo.

Este iceberg de 4.320 kilómetros cuadrados se ha convertido en el más grande del mundo, superando al iceberg A-23A que tiene unos 3.380 kilómetros cuadrados y también flota en el mar de Weddell.

El A-76 fue ......(4)........ por la misión Copérnico de la Unión Europea, dos satélites que ......(5)........ los polos de la Tierra. La misión Copérnico confirmó una observación anterior realizada por el British Antarctic Survey, que fue la primera organización en darse cuenta de la dramática y gigantesca ......(6).........

La plataforma de hielo de Ronne en el ......(7)....... de la península antártica es una de las más grandes de las enormes ......(8)....... de hielo flotantes que se conectan con la masa terrestre del continente y se extienden hacia los mares circundantes. Si bien forma parte del ciclo natural que trozos se separen, no podemos ......(9)....... que algunas plataformas de hielo a lo largo de la península antártica han sufrido una rápida ......(10)....... en los últimos años, un fenómeno que algunos científicos creen que puede estar relacionado con el cambio climático.

"A76 y A74 son solo parte de los ciclos naturales en las plataformas de hielo que no se habían partido durante décadas", escribió en Twitter Laura Gerrish, investigadora del British Antarctic Survey. "Es importante ......(11)....... la frecuencia de todas las liberaciones de icebergs, pero lo que está pasando lo esperábamos, no es nada fuera de lo común". Alex Brisbourne, geofísico de glaciares de British Antarctic Survey, también comentó que el mar de Weddell no se estaba calentando actualmente, pero en otras partes del continente antártico, "el calentamiento del océano estaba derritiendo otras plataformas de hielo y esto está permitiendo que el hielo se ......(12)....... más rápidamente fuera del continente, aumentando la tasa de aumento del nivel del mar".

Adaptado de: www.muyinteresante.es

OPCIONES

1. a) depuesto	b) desprendimiento	c) enlazado
2. a) bautizado	b) desgarbado	c) vinculado
3. a) in fraganti	b) a priori	c) tiempo ha
4. a) entroncado	b) infundado	c) captado
5. a) levitan	b) orbitan	c) propulsan
6. a) ruptura	b) moldura	c) rozadura
7. a) flanco	b) franco	c) fleco
8. a) solapas	b) capas	c) chapas
9. a) evitar	b) bifurcar	c) obviar
10. a) destilación	b) desintegración	c) trituración
11. a) monitorear	b) saciar	c) aferrar
12. a) cese	b) prenda	c) drene

TAREA 2

INSTRUCCIONES

Lea el siguiente texto, del que se han extraído seis párrafos. A continuación lea los siete fragmentos propuestos (A-G) y decida en qué lugar del texto (13-18) hay que colocar cada uno de ellos. Hay un fragmento que no debe elegir.

Marque las opciones elegidas en la **Hoja de respuestas**.

COMPRAR UN PORTÁTIL ES AHORA MÁS DIFÍCIL Y MÁS CARO

Desde hace unos meses muchas personas se están encontrando con dificultades para encontrar en el mercado el ordenador que buscan. La producción de PC's, especialmente los gaming, destinados a ofrecer un buen rendimiento en videojuegos, se ha visto ralentizada ante la falta de stock de dos componentes básicos: tarjetas gráficas y semiconductores.

............(13)............ La pandemia provocó una parálisis temporal en las cadenas de fabricación de algunas grandes compañías de Asia Oriental, lo que ha ocasionado en gran medida esta escasez de chips. ....(14)............

La creciente necesidad de satisfacer las necesidades del mercado de las criptomonedas ha tenido una gran incidencia en esta crisis. Los chips son esenciales para el funcionamiento de los monederos electrónicos que se usan para los micropagos con bitcoins, y en los últimos años la demanda en este campo se ha multiplicado.

............(15)............ La crisis mundial de los semiconductores tiene una influencia directa en la distribución de ordenadores. Cristian Castillo, profesor de estudios de Economía y Empresa, explica que los semiconductores son muy utilizados en la actualidad por muchas industrias, en especial las basadas en la tecnología. "Si uno mira en su habitación seguro que encuentra mínimo dos o tres productos que llevan electrónica y que por tanto utilizan estos semiconductores", indica. El experto expresa que se obtienen a través de elementos químicos que extraemos de la tierra. ....(16)............ Castillo comenta que la falta de stock de estos materiales se debe a dos principales motivos: la influencia directa del confinamiento y el oligopolio constituido por las dos únicas empresas que abastecen el mercado mundial de semiconductores.

............(17)............ Todo va en función de la demanda. El experto asegura que actualmente están trabajando en nuevos modelos para satisfacer este incremento de la demanda. "Como han visto que el sector de la minería digital ha explotado, se está trabajando en exclusiva en diseños para este campo, a la par que se sigue produciendo para la industria informática y otras áreas", dice. Aunque la crisis va en camino de estabilizarse, esta situación se puede volver a repetir en un futuro si las distribuidoras no hacen una buena previsión de mercado. Las nuevas criptomonedas que están saliendo utilizarán la potencia de un disco duro en estado sólido. ....(18)............

Hay muchas empresas que lo están pasando bastante mal porque tienen sus líneas paralizadas. En este sentido, el experto señala que Europa juega un papel fundamental. "Tenemos mucho talento, pero la fabricación la tenemos deslocalizada, principalmente en el mercado asiático. En el año 1990 Europa producía el 44% de semiconductores a nivel mundial, en 2020 solo el 9%", indica.

Adaptado de: www.lavanguardia.com

FRAGMENTOS

A. Al transformarlos obtenemos diferentes dispositivos electrónicos, como sensores o láseres.

B. Las empresas distribuidoras de estos elementos se han visto incapaces de satisfacer la demanda actual, lo que ha provocado una crisis de producción que afecta a diversas industrias.

C. De modo que existe el riesgo que estos dispositivos pueden sufrir también una crisis de stock y dificultar de nuevo la venta de ordenadores.

D. La falta de tarjetas gráficas no es la única causa que dificulta la venta de ordenadores.

E. Dicha estadística no hace más que avalar las carencias del mercado de las criptomonedas y las dificultades de su subsistencia.

F. Otro factor relevante ha sido el auge de la minería digital, ya que el en el proceso para validar y procesar las transacciones de las criptomonedas también se usan estos componentes.

G. La crisis actual no es un hecho aislado. Esto también ocurrió en 2018, y es probable que vuelva a ocurrir en un futuro próximo.

TAREA 3

INSTRUCCIONES

A continuación tiene seis textos (A-F) y ocho enunciados (19-26). Léalos y elija el texto que corresponde a cada enunciado. Recuerde que hay textos que deben ser elegidos más de una vez.

Marque las opciones elegidas en la **Hoja de respuestas**.

A. SISTEMA DE COSTEO APLICADO AL SECTOR SALUD

El sector de la salud tanto en Colombia como en la mayoría de los países de Latinoamérica enfrenta una serie de cambios que obligan a que sea competitivo y rentable. Por lo tanto, es imperativo contar dentro del análisis financiero de dicho sector con herramientas que permitan medir de forma adecuada el costo real de la prestación de cada uno de los servicios.

La propuesta de mejoramiento continuo, calidad, competitividad y eficiencia sobre la cual se establece la Gerencia Estratégica de costos deben incorporarse a las empresas de este sector, para hacer de ellas verdaderas organizaciones y mejorar su proyección a la sociedad, su rentabilidad, su crecimiento y su participación en el mercado.

B. EL DESCENSO AL INFIERNO

La crisis de la razón como causa principal de la pérdida de sentido del hombre determinaría el inicio de una frenética búsqueda de esquemas estéticos capaces de violar las barreras impuestas por la intelectualidad. A partir de este punto, la crítica del lenguaje en cuanto a su incapacidad para describir esta realidad, exigiría la creación de nuevas estrategias y técnicas de narración.

La influencia de esta desazón común del hombre frente a su

realidad genera los elementos necesarios para que la lucha entre lo racional y lo irracional surja como un retorno de la batalla primigenia entre Dionisio y Apolo. El regreso a espacios mitológicos, dado a partir de la naturaleza misma del vacío temático que enfrenta el arte, permite una reinvención del tiempo y exige una ruptura con la tradición.

C. MINIMALISMO COMO NUEVO ESTILO DE VIDA

El concepto "consumo" no está asociado a valores éticos; indica solamente un acto en el que una persona o un grupo humano agota o utiliza unos recursos para satisfacer sus necesidades. Ahora bien, cada uno puede preguntarse: ¿Soy consumista? El concepto "consumismo" implica un consumo excesivo de los recursos. Como nunca nos pondremos de acuerdo en qué es o qué no es excesivo, quizá lo conveniente sea que cada persona se pregunte y se responda individualmente esta pregunta. Proponer al minimalismo es una propuesta atrevida, pues psicológicamente es imposible el poder luchar contra todas las publicidades que podemos observar desde el momento que nos levantamos. El minimalismo como estilo de vida es una corriente que se enfoca en simplificar. Es un estilo de vida en el que buscas tener solo aquello que necesitas, amas y te inspira.

D. LA HIGIENE: MÁS ALLÁ DE LA LIMPIEZA EN HOTEL

Las normas higiénicas han sido de habitual aplicación desde la antigüedad, aunque con los conceptos de higiene de cada etapa histórica. A través del tiempo, en diferentes fechas y lugares se han propiciado epidemias a gran escala por falta de higiene.

Esto se puede comprobar por la existencia de documentos que informan y regulan sobre el tema en diferentes culturas, algunos de los cuales conservan vigencia.

A pesar de la modestia en la que vivían muchos griegos, estos tenían un especial cuidado por su higiene personal. Desde el periodo arcaico, desde niños aprendían a nadar y se bañaban en ríos y en el mar. Durante la época clásica, las casas comenzaron a tener cuartos de aseo y pequeñas bañeras, hechas de barro, piedra o ladrillos. Estas se llenaban y se vaciaban a mano.

E. CIBERDELINCUENCIA Y REDES SOCIALES

Las redes sociales digitales ofrecen indudables ventajas y bondades para los usuarios de los mismos, como, por ejemplo, la obtención y compartición de información para la diversión o para el trabajo. Sin embargo, las peculiaridades propias de lo digital llevan en ocasiones a lamentables consecuencias, convirtiéndose en un instrumento para la comisión de diferentes delitos, suponiendo un incremento de criminalidad, lo que lleva aparejado la consiguiente respuesta del Derecho Penal. Muchos de estos delitos (acoso, usurpación de identidad, amenazas, pornografía infantil, injurias, etc.) son castigados a través de las disposiciones del vigente Código Penal, pero para otras conductas el legislador ha decidido crear delitos nuevos que se ajusten más a las conductas originadas en la Red.

F. GRAN HERMANO, UN FORMATO REVOLUCIONARIO

Gran Hermano es un reality show creado por el holandés John de Mol. Este formato consiste en una cierta cantidad de participantes (generalmente 12 o más), que conviven dentro de una casa, totalmente aislados y con cámaras vigilándolos durante las 24 horas de su estancia dentro del lugar. A medida que van pasando las semanas, los participantes del programa deben ir nominando a sus compañeros y afrontando cada una de las expulsiones, las cuales son decididas por el público a través del voto telefónico. El ganador es el último participante en abandonar la casa. El premio es una suma de dinero que varía a través de los años, dependiendo la cantidad de días en la casa y las sanciones.

Este reality se emitió por primera vez el 16 de septiembre de 1999 en Holanda. Luego, fue vendido y adaptado en más de 70 países.

Adaptados de: www.monografias.com

PREGUNTAS

19. La normativa judicial debe adaptarse a la realidad de la situación actual.

    A)   B)   C)   D)   E)   F)

20. El consenso global no es posible.

    A)   B)   C)   D)   E)   F)

21. No debe incurrir en pérdidas económicas.

    A)   B)   C)   D)   E)   F)

22. Se encuentran bajo constante observación.

    A)   B)   C)   D)   E)   F)

23. Eran humildes en su día a día.

    A)   B)   C)   D)   E)   F)

24. Genera un conflicto interno.

    A)   B)   C)   D)   E)   F)

25. Son necesarios instrumentos de evaluación.

    A)   B)   C)   D)   E)   F)

26. La retribución no es idéntica en cada edición.

    A)   B)   C)   D)   E)   F)

TAREA 4

INSTRUCCIONES

Usted va a escuchar una conferencia. Entre las doce opciones (A-L) usted deberá elegir las cinco que resumen la conferencia. Escuche la audición dos veces.

AUDIO EN MP3 DESCARGABLE O VÍDEO DE YOUTUBE "Comprensión Auditiva DELE C2":
41:21

OPCIONES

A) La globalización y el desarrollo son dos términos desvinculados entre sí.

B) El desarrollo federalizado se detuvo a finales del siglo pasado.

C) Son los países del primer mundo los que han ocasionado la globalización.

D) La inmigración global es una muestra de la fraternidad de los pueblos.

E) El compañerismo y la fraternidad son bienes escasos en las sociedades desarrolladas.

F) Las familias actuales tienen menos individuos que en otras sociedades del pasado.

G) La emigración hacia los países desarrollados es paulatina y, en cierta medida, organizada por los gobiernos.

H) Se ha perdido una virtud de antaño.

I) Ciencia y ética siempre han ido de la mano, influyendo positivamente la una en la otra.

J) La tecnología, ciencia y economía carecen de supervisión ética.

K) Los países desarrollados solventan las crisis económicas y salen fortalecidos de ellas.

L) Las sociedades desarrolladas no gozan de un pleno estado del bienestar.

TAREA 5

INSTRUCCIONES

Usted va a escuchar a dos personas hablando sobre la educación. Deberá marcar, de las 15 frases (32-46), qué ideas expresa el hombre (A), cuáles la mujer (B) o ninguno de los dos (C). Escuche la audición dos veces.

AUDIO EN MP3 DESCARGABLE O VÍDEO DE YOUTUBE "Comprensión Auditiva DELE C2": 45:27

		(A) HOMBRE	(B) MUJER	(C) NINGUNO
32.	Se ha aclimatado a varias épocas y técnicas.			
33.	Tuvo dificultades para homologar su título.			
34.	Asegura haber predicho acontecimientos futuros.			
35.	Imparte clases donde cursó sus estudios.			
36.	Aplaude la planificación de su centro educativo.			
37.	Afirma que su contrato no ha variado.			
38.	Comenta que sus descendientes han sufrido.			
39.	El centro médico está junto a su centro educativo.			
40.	La mayoría de sus alumnos son de familias humildes.			
41.	Ha afrontado las dificultades con determinación.			
42.	Asegura que el profesorado pasó por varios estados.			
43.	Un familiar cercano ha sucumbido a la enfermedad.			
44.	Se alegra de evitar el ajetreo de la urbe.			
45.	Ha ascendido en su empresa recientemente.			
46.	La persona se siente distraída y ajena a todo.			

TAREA 6

INSTRUCCIONES
Usted va a escuchar una entrevista. Después debe contestar a las preguntas (47-52), Seleccione la opción correcta (A, B o C). Escuche la entrevista dos veces.

AUDIO EN MP3 DESCARGABLE O VÍDEO DE YOUTUBE "Comprensión Auditiva DELE C2":
51:54

PREGUNTAS

47. **La persona entrevistada menciona que...**
    a) tanto las ganas como el esfuerzo se incrementan a medida que el papeleo avanza.
    b) la información obtenida de conocidos puede no ser fiable.
    c) el emprendedor debe orientarse previamente sobre el proceso de apertura de un negocio.

48. **Se comenta durante la entrevista que...**
    a) en caso de errar, se afrontan las consecuencias en solitario.
    b) los vértigos surgen en el momento de realizar la contabilidad.
    c) hay paridad entre la cantidad de pros y contras.

49. **La entrevistada asegura que...**
    a) se siente como pez en el agua trabajando en el sector textil.
    b) ha pasado por todos los puestos de trabajo en el sector textil.
    c) ha ocupado cargos de dirección durante casi dos décadas.

50. **En el audio se menciona que...**
    a) el negocio de la entrevistada está dirigido al público juvenil.
    b) los emprendedores corren riesgos al dedicarse a lo que realmente les apasiona.
    c) la localización, cercana al domicilio del cliente, es la clave.

51. **La estrategia de publicidad de la entrevistada...**
    a) se centra en los banners en sitios web.
    b) se basa en la satisfacción del cliente y que este comente su experiencia a otros clientes potenciales.
    c) ha ido evolucionando desde la apertura.

52. **Durante la entrevista se dice que el emprendedor...**
    a) no ve reflejado su esfuerzo hasta que no comienza a deducir impuestos.
    b) debe saber resolver los problemas y no desmoralizarse.
    c) debe marcarse un horario de trabajo estricto y respetarlo.

PRUEBA 2. DESTREZAS INTEGRADAS: COMPRENSIÓN AUDITIVA Y EXPRESIÓN E INTERACCIÓN ESCRITAS

Esta prueba contiene 3 tareas.

⏱ Duración: 150 minutos.

Haga sus tareas en la **Hoja de respuestas**.

TAREA 1

INSTRUCCIONES

Usted tiene un blog personal y ha decidido publicar un artículo sobre la contaminación de las aguas. Para ello cuenta con un audio y dos textos.

Primero, escuche el audio dos veces. Tome notas y, después, utilizando todas las fuentes proporcionadas, redacte su artículo seleccionando la información que considere oportuna.

Número de palabras: **entre 400 y 450**.

AUDIO EN MP3 DESCARGABLE O VÍDEO DE YOUTUBE "Comprensión Auditiva DELE C2": 56:33

TEXTO 1

EL CONTINENTE DE PLÁSTICO QUE FLOTA EN LAS AGUAS DEL PACÍFICO

Su sobrenombre, el séptimo continente, ya lo dice todo y no es para menos. La isla de basura que flota en el Pacífico triplica el tamaño de Francia y es el mayor vertedero oceánico del mundo con 1,8 billones de trozos de plástico flotante que matan, cada año, a miles de animales marinos entre California y Hawái.

Charles Moore fue el primero en dar la voz de alarma. El capitán y oceanógrafo estadounidense se quedó horrorizado cuando en 1997, al regresar con su velero de una célebre carrera náutica, se tropezó con un mar de plástico tan extenso que tardó siete días en cruzarlo. El hallazgo de Moore movilizó a la comunidad científica y el resto es historia: acababa de emerger a la luz pública la isla de basura en el Pacífico, uno de los mayores síntomas de la crisis medioambiental que sufre el planeta.

Dos décadas después, la gran mancha es un continente de basura de 1,6 millones de km2 y unas 80.000 toneladas de plástico que no para de crecer, según un estudio científico publicado en 2018 por la revista Nature. Para hacernos una idea de su extensión basta decir que ya triplica el tamaño de Francia. Sin embargo, a pesar de su tamaño, el continente de plástico del Pacífico resulta invisible para los satélites al estar formado en un 94% por fragmentos de plástico diminutos que se desprenden de otros más grandes por la erosión.

LOS ORÍGENES DE LA GRAN ISLA DE PLÁSTICO DEL PACÍFICO

Estos microplásticos, de apenas unos milímetros de diámetro, proceden en su mayoría de vertidos terrestres y aparejos de pesca abandonados como redes, cestas o jaulas. Pero también del tráfico marítimo. Los desechos de los barcos, a los que en estudios iniciales se había otorgado menos importancia, también contribuyen a aumentar este drama ecológico.

Cuando estas partículas dispersas en la superficie llegan al giro del Pacífico Norte —una autopista circular por donde transita el agua—, las corrientes rotativas las agrupan y las devuelven de forma cohesionada a su transitar por el océano. El resultado es una gran sopa de basura flotante que se mueve a la deriva a medio camino entre Hawái y California.

Las evidencias científicas señalan al continente asiático como la principal fuente de residuos que alimenta la gran isla de basura en el Pacífico, así como al incremento de la pesca industrial en el océano más grande del mundo. Según el estudio publicado por Nature, dos tercios de los objetos recogidos durante la investigación contenían inscripciones en japonés o chino —se llegaron a identificar hasta nueve idiomas distintos— y el resto más antiguo databa de finales de los años 70.

LAS CONSECUENCIAS DE LA ISLA DE BASURA DEL PACÍFICO

En el último Congreso de la Asociación Internacional de Residuos Sólidos, celebrado en la ciudad española de Bilbao en 2019, el capitán Charles Moore se mostró pesimista frente a la contaminación oceánica y advirtió que el plástico invadirá cada centímetro de playa en el futuro. Una profecía que puede parecer algo osada, pero que viniendo del primer hombre que navegó a través de la isla flotante de basura conviene tener en cuenta.

Los daños para el reino animal son, también, incalculables: miles de mamíferos marinos y aves acuáticas mueren cada año al confundir el plástico de la isla de basura del Pacífico con alimento o al quedar atrapados en las redes abandonadas en el mar. En 2016, un informe de la Organización de las Naciones Unidas para la Alimentación (FAO) advertía de la presencia de microplásticos en hasta 800 especies de peces, crustáceos y moluscos.

Nuestra salud podría ser la otra gran damnificada por esta acumulación de basura oceánica. El plástico microscópico que ingieren los peces y otras especies que conforman nuestra dieta pasa a nuestro organismo a través de la cadena alimenticia. Por ejemplo, un estudio de Greenpeace y la Universidad Nacional de Incheon (Corea del Sur) publicado en 2018 concluyó que el 90% de las marcas de sal muestreadas a nivel mundial contenían microplásticos.

El descubrimiento de la isla de plástico en el mar ha servido para concienciar a miles de personas y para impulsar numerosas iniciativas para reducir la presencia de los plásticos en los océanos. A continuación, repasamos algunas de ellas:

Plastic Free Waters

Según un estudio reciente de los guardacostas del área de Nueva York y Nueva Jersey, al menos 165 millones de partículas de plástico flotan habitualmente en el estuario del puerto. Para combatir esta realidad ha surgido Plastic Free Waters, iniciativa que une a organizaciones del sector público, ONG y compañías privadas con un objetivo: erradicar los residuos plásticos de sus aguas.

4Ocean

Esta iniciativa ha recogido, desde su creación en 2017, 1.930 toneladas de plástico oceánico en 27 países. El proyecto, liderado por los norteamericanos Alex Schulz y Andrew Cooper, se compromete a eliminar medio kilo de basura de océanos y costas por cada artículo que venden en su web, como pulseras, brazaletes o bolsas de tela.

Seabin

Un contenedor que sirve para recoger el plástico y una parte de los aceites, detergentes o combustibles que flotan en los puertos, muelles y clubs náuticos de todo el mundo. Los australianos Andrew Turton y Pete Ceglinski son los artífices de esta ingeniosa idea que ya ha retirado más de 55 toneladas de residuos a nivel global.

Adaptado de: www.iberdrola.com

TEXTO 2

CONTAMINACIÓN DEL AGUA: CAUSAS DEL PROBLEMA

La Organización Mundial de la Salud (OMS) define el agua contaminada como aquella cuya "composición haya sido modificada de modo que no reúna las condiciones para el uso que se le hubiera destinado en su estado natural".

En la actualidad, cerca de 5 millones de personas en el mundo mueren por beber agua contaminada, una situación que se agudiza especialmente en aquellos contextos de exclusión social, pobreza y marginación.

Para entender esta situación, quizá debamos remontarnos a las principales causas que han provocado la contaminación del agua. Veamos cuáles son:

1) Desechos industriales

La industria es uno de los principales factores que provocan la contaminación del agua. Desafortunadamente, miles de empresas aún desconocen el buen uso que se debe dar a este recurso y vierten cantidades de productos contaminantes derivados de sus procesos industriales. Los ríos y los canales son los más afectados por estas malas prácticas.

2) Aumento de las temperaturas

Aunque no lo parezca, el calentamiento global también influye en la contaminación del agua. ¿Cómo es posible? La explicación es sencilla: cuando un ecosistema sufre temperaturas por encima de las habituales, las fuentes de agua disminuyen su cantidad de oxígeno, lo cual hace que el agua altere su composición.

3) Uso de pesticidas en la agricultura

La gran mayoría de los procesos agrícolas de nuestro tiempo emplean fertilizantes y productos químicos para el cultivo y la producción de los alimentos. Pues bien, estos productos se filtran a través de canales subterráneos que, en la mayoría de los casos, acaban en las redes de agua que utilizamos para nuestro consumo. Este agua difícilmente será tratada para que vuelva a los canales aptos para el consumo.

Según el estudio de David Santillo, Jorge Casado, Kevin Brigden y Paul Johnston, publicado en junio de 2019 en la revista Science, hay pesticidas y medicamentos animales en vías fluviales europeas.

4) Deforestación

La excesiva tala de árboles contribuye a que los ríos, los lagos y otras fuentes hídricas se sequen. Además de esto, la tala de bosques no en todos los casos incluye la retirada de las raíces de los árboles que están en las orillas de los ríos, lo cual provoca la aparición de sedimentos y bacterias bajo el suelo y la consiguiente contaminación de este preciado recurso.

5) Derrames de petróleo

Finalmente, no podemos olvidar una práctica que tradicionalmente ha provocado la polución de aguas en diversos puntos del planeta: los vertidos de crudo y sus derivados. Dichos vertidos se deben al transporte deficiente del petróleo y a la filtración de productos como la gasolina, que generalmente es almacenada en tanques bajo tierra; en muchos casos, los tanques tienen fugas y la sustancia se filtra a los cuerpos que están a su alrededor, entre ellos las fuentes de agua aptas para el consumo humano.

El Servicio de Información y Noticias Científicas (SINC) daba a conocer en 2017 los resultados de una investigación llevada a cabo por profesionales del Departamento de Sanidad y Anatomía Animales de la Universidad Autónoma de Barcelona y el International Institute of Social Studies de la Universidad Erasmo de Rotterdam en Países Bajos. En ella se explicaba que la actividad petrolera está afectando de modo negativo a la cabecera de los ríos del Amazonas: los contamina y altera la estructura química del agua.

Durante el período 1987 a 2013 se recogieron muestras de cuatro ríos. Los análisis demuestran que el agua contiene bario, cloruro, cromo o plomo en niveles que están por encima de los habituales.

Adaptado de : www.blog.oxfamintermon.org

TAREA 2

INSTRUCCIONES

A usted le han pedido que corrija la transcripción de la rueda de prensa de la portavoz del gobierno. Estructure el texto de una manera coherente, puntúelo adecuadamente y corrija los errores, eliminando redundancias o repeticiones.

Número de palabras: **entre 150 y 250**.

Entrando en los detalles acuerdos que se aprobarán hoy debo informarles que fueron 10 asuntos con que se plantearon especial importancia. El resto lo tendrías en la revisión del Consejo de Ministros por lo que intento que la revision sea lo mas posible breve, para que es posible apuntar asunto tan importantes como por ejemplo el primer tema que yo y yo quiero plantear, aprobación del anteproyecto de ley de convivencia universitaria a solicitud del Ministerio de Universidad, nueva ley que deroga la actual que era norma de 1954. El objetivo del Ministerio es para tanto dotar a las universidades publicas de un marco uniforme y común para la resoluciones de conflictos con un enfoque democrático y plenamente adaptando al orden constitucional. Hacemos hincapié en la ley y las libertades y los derechos fundamentales y la convivencia activa de todas las personas que forma esta comunidad universitaria, y sentamos las bases para un mayor desarrollo tanto de las comunidades autónomas como de las propias universidades en cuanto a su autonomía. Me gustaría señalar que esta ley es una respuesta amplia a la demanda de la comunidad universitaria, de otras entidades, como el Defensor del Pueblo quien en reiterados ocasiones señaló el gobierno la necesidad de derogar la ley preconstitucional, aún estaba pendiente en vigor.

TAREA 3

INSTRUCCIONES

Debe redactar un texto informativo para un blog sobre el consumo de drogas a partir de los gráficos proporcionados, valorando y resumiendo los datos más relevantes.

Número de palabras: **entre 200 y 250**.

Las vidas que se cobra la droga en Europa
Muertes debidas al consumo de drogas por cada millón de habitantes

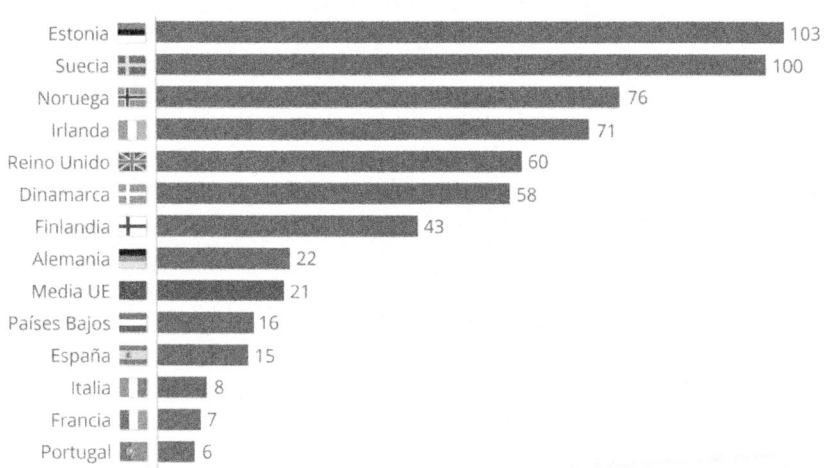

Estonia	103
Suecia	100
Noruega	76
Irlanda	71
Reino Unido	60
Dinamarca	58
Finlandia	43
Alemania	22
Media UE	21
Países Bajos	16
España	15
Italia	8
Francia	7
Portugal	6

Vía: www.es.statista.com

¿Cuáles son las principales sustancias por las que se demanda tratamiento?

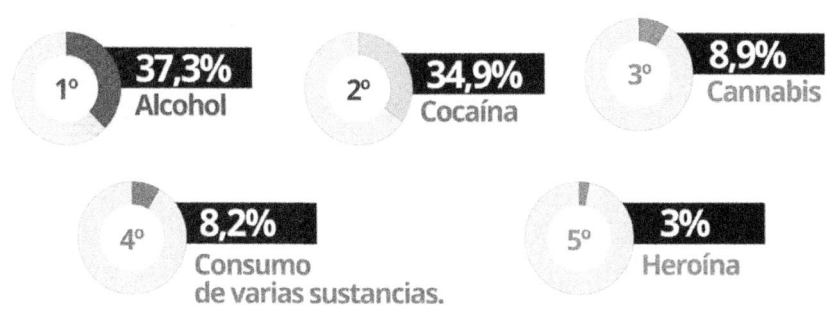

- 1º **37,3%** Alcohol
- 2º **34,9%** Cocaína
- 3º **8,9%** Cannabis
- 4º **8,2%** Consumo de varias sustancias.
- 5º **3%** Heroína

Vía: www.europapress.es

PRUEBA 3. DESTREZAS INTEGRADAS: COMPRENSIÓN DE LECTURA Y EXPRESIÓN E INTERACCIÓN ORALES

Esta prueba contiene tres tareas:

Tiene 30 minutos para preparar la Tarea 1.

Usted puede tomar notas y escribir un esquema de su exposición que podrá consultar durante el examen; en ningún caso podrá limitarse a leer el esquema o sus notas.

TAREA 1

INSTRUCCIONES

Prepare una presentación de 6-7 minutos sobre el tema de los salarios inspirándose en el material de apoyo que se le ofrece. Explique al entrevistador:
- la situación actual de los salarios en España;
- la brecha salarial por sexos y en puestos de dirección;
- las diferencias entre regiones.

TEXTO 1

EL SUELDO MEDIO DEL DIRECTIVO SE DISPARA HASTA LOS 84.773 EUROS

A pesar de la falta de Gobierno y de la inestabilidad económica que hemos vivido en España en 2019, en materia salarial no ha sido un mal año: primero, por la subida del SMI que ha permitido elevar el poder adquisitivo de entre 1,3 y 3 millones de trabajadores en nuestro país; pero, más importante, porque el salario medio ha crecido en todos los sectores y niveles profesionales. De hecho, los que más han notado este incremento son los directivos, cuyo sueldo se ha disparado en 2019 hasta los 84.773 euros anuales.

Es una de las conclusiones del recién publicado informe de evolución salarial elaborado por ICSA, que apunta que los directivos españoles han visto incrementado su salario un 4,58% más respecto a 2018. O, lo que es lo mismo, una subida de 3.715 euros al año. Como viene siendo habitual en los últimos años, se trata del nivel profesional que más ha crecido, muy por encima de los mandos intermedios (3,43% más) o de los empleados (1,89% más).

A pesar de estas diferencias, en el informe también se señala que, gracias a la baja inflación registrada en España desde 2007 hasta ahora, tanto los directivos como los mandos intermedios y los empleados han "logrado mantener su poder adquisitivo". Sin embargo, también incide en que "el crecimiento continuado del PIB de los últimos 5 años no se ha correspondido con aumentos proporcionales para los empleados.

Vía: www.lainformacion.com

GRÁFICO 1. EL SALARIO MÍNIMO EN ESPAÑA

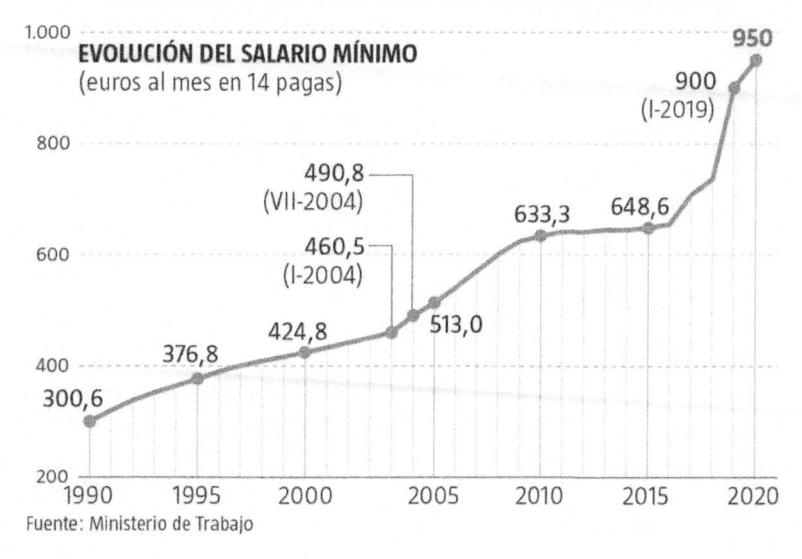

EVOLUCIÓN DEL SALARIO MÍNIMO
(euros al mes en 14 pagas)

- 300,6 (1990)
- 376,8 (1995)
- 424,8 (2000)
- 460,5 (I-2004)
- 490,8 (VII-2004)
- 513,0 (2005)
- 633,3 (2010)
- 648,6 (2015)
- 900 (I-2019)
- 950 (2020)

Fuente: Ministerio de Trabajo

GRÁFICO 2
VARIACIÓN DE INGRESOS AL NACER EL PRIMER HIJO

EL COSTE DE SER MADRE

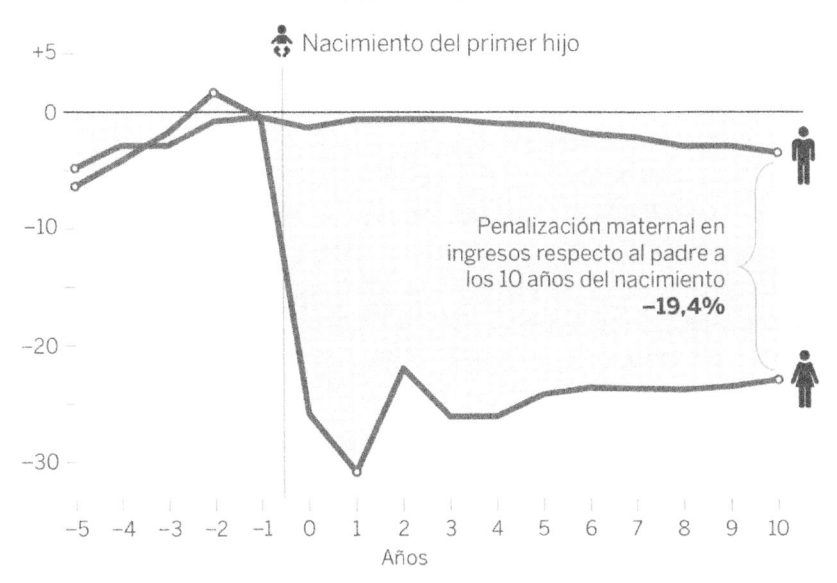

Nacimiento del primer hijo

Penalización maternal en ingresos respecto al padre a los 10 años del nacimiento
−19,4%

Años

Vía: www.elpais.com

TEXTO 2

EL SALARIO MÍNIMO NO CUBRE EL COSTE DE LA VIDA EN NUEVE COMUNIDADES

El presupuesto mensual del que dispone un español no rinde de la misma forma si tiene que enfrentarse a los gastos viviendo en una comunidad como Madrid que si habita en Extremadura. En algunos territorios el ahorro se torna en misión imposible. Sobre todo para aquellos cuyos emolumentos mensuales equivalen al salario mínimo interprofesional (SMI). Y, no digamos ya, si solo entra un sueldo en casa y se tienen hijos.

Después de la subida pactada el pasado mes de enero entre el Gobierno de Sánchez, la patronal y los sindicatos, la remuneración mínima quedó fijada en España en los 13.300 euros brutos anuales. Unos 1.108 euros al mes en caso de que se divida esta cantidad en doce pagas. Eso sí, a este dinero habría que restarle las retenciones pertinentes, por lo que el monto final se quedaría aproximadamente en unos 1.000 euros. Con la cartera pertrechada cada 30 días con esta cantidad, hay nueve comunidades en las que las cuentas no salen. Y es que el dinero que requiere enfrentarse a los gastos del día a día supera en algunos territorios del país esta cantidad. Así lo muestra la encuesta de presupuestos familiares que cada año elabora el Instituto Nacional de Estadística (INE). Los gastos que reflejan este informe son una media que representa una especie de boceto del desembolso al que debe hacer frente un ciudadano para poder vivir en las diferentes comunidades autónomas del país. Para realizar este cálculo, se analiza lo que invierten los habitantes en partidas como alimentación, vestido, vivienda y suministros, ocio o transporte. Se trata, por tanto, de una media. Habrá muchos ciudadanos que sean capaces de apretarse algo más el cinturón y otros que expongan al bolsillo a dispendios mucho mayores.

Según las cifras del INE, el gasto medio por persona en el conjunto de España fue de 12.151 euros en el año 2019, lo que supone un desembolso mensual de 1.013 euros por cada individuo. Una cantidad que aumentaría de manera importante si se tiene en cuenta la variable de los hijos.

El SMI no cubre los costes de la vida en nueve comunidades autónomas del país. Los habitantes de Aragón, Asturias, Baleares, Cantabria, Cataluña, Madrid, Navarra, el País Vasco o La Rioja deben hacer malabares para estirar su retribución mínima. Y en este caso, los que peor lo tienen son los vascos.

Llenar el cerdito es tarea algo más sencilla para los ciudadanos de siete comunidades autónomas. Territorios en los que los gastos se llevan un menor mordisco del presupuesto mensual y que, por tanto, permiten ahorrar con más holgura. En Extremadura, tras restar al salario mínimo la inversión necesaria para vivir, el dinero que se podría guardar es de unos 210 euros al mes. Algo más de cien euros mensuales pueden ahorrar los canarios (179), los manchegos (133) o los andaluces (116 euros).

Unos 80 euros les sobrarían a los habitantes de Murcia, mientras que el presupuesto que les queda a castellanoleoneses y valencianos es bastante más exiguo, con apenas 12 o 5 euros, respectivamente.

Vía: www.lavozdegalicia.es

TAREA 2

INSTRUCCIONES

Durante 5 o 6 minutos deberá conversar con el entrevistador sobre el tema de la Tarea 1.

Amplíe la información y exprese con argumentos su punto de vista.

EJEMPLOS DE PREGUNTAS DEL EXAMINADOR

- ¿Qué consecuencias puede tener una gran subida del salario mínimo interprofesional en un país?
- ¿Considera que los sueldos deberían subir cada año? ¿Por qué?
- ¿En su país se regula de alguna forma la subida de los salarios mínimos de los trabajadores?
- ¿Cómo podría reducirse la brecha salarial entre hombres y mujeres? ¿Y entre directivos y empleados?
- ¿Opina que el salario mínimo español es suficiente? ¿Se podría llegar a fin de mes en su país con este salario?
- ¿Cuáles son los factores que hacen que las mujeres pierdan poder adquisitivo al tener hijos?
- ¿El hecho de que los sueldos de los directivos aumenten significa que la economía está creciendo?

TAREA 3

INSTRUCCIONES

Lea los siguientes titulares de diferentes periódicos sobre los coches eléctricos. A continuación, converse de modo informal con el entrevistador. Exprese su opinión sobre dichos titulares, si está de acuerdo con ellos o no y profundice sobre el tema.

LA VANGUARDIA

Stop en Australia a los coches eléctricos

- El Gobierno federal considera que estos vehículos no se adaptan a las necesidades australianas y continúa promoviendo los combustibles fósiles en vez de alentar las energías renovables

---

LO ÚLTIMO   COCHES   FÓRMULA 1   RENTING   OCASIÓN   BUSCAR COCHE

Las ventas de coches eléctricos se duplican en 2021

Los vehículos eléctricos representan el 1,9% de las matriculaciones totales de turismos, que con 95.375 unidades, crecieron un 177% con respecto a mayo del año pasado.

NATIONAL GEOGRAPHIC   CIENCIA   ANIMALES   HISTORIA   MEDIO AMBIENTE

Conforme aumenta la popularidad del coche eléctrico, tendremos que reciclar las baterías

Las baterías de los coches eléctricos contienen minerales fundamentales como cobalto y litio. Tendremos que reciclarlos a no ser que queramos seguir excavando la tierra en busca de nuevos materiales.

Menú   Cotizalia   Iniciar sesión   Suscríbete

200.000 empleos en juego: por qué las refinerías pueden ser la próxima minería

La Ley de Cambio Climático es devastadora para las petroleras porque ningún coche nuevo podrá emitir CO2 en 2040. Esto compromete la 'revolución verde' de las refinerías españolas.

VOCABULARIO
Y
MODELO 4

VOCABULARIO

¿Conoces estas palabras?

Malversación

Cotización

Arancel

Chanchullo

Albarán

Acreedor

Alijo

Cargamento

Patrocinio

Perito

Abono

Pasto

Pienso

Estanque

Acequia

Presa

Paja

Hongo

Interfaz

Licuación

Probeta

Casta

Hegemonía

Desacato

Despotismo

Destierro

Decreto

Penal

Penitenciaría

Querella

Veredicto

Indulto

Trinchera

Tregua

Nana

Pilar

Busto

Deidad

Plegaria

Madriguera

1. Relaciona las siguientes palabras con sus definiciones:

capataz – trueque – vendimia – moroso – devaluación – lonja – rastrillo – abrupto – pacto – cortijo

1. Dicho de un terreno, que tiene pendientes muy pronunciadas o fuertes desniveles.

2. Intercambio directo de bienes o servicios, sin mediar la intervención de dinero.

3. Disminución del valor de una moneda o de otra cosa.

4. Recolección y cosecha de la uva.

5. Finca rústica con vivienda y dependencias adecuadas, típica de amplias zonas de la España meridional.

6. Persona que tiene por oficio dirigir y vigilar a un grupo de trabajadores.

7. Acuerdo entre dos o más personas que obliga a ambas a cumplir una serie de condiciones.

8. Que se retrasa en el pago de una deuda o en la devolución de una cosa.

9. Instrumento compuesto de un mango largo y delgado cruzado en uno de sus extremos por un travesaño armado de púas a manera de dientes, y que sirve para recoger hierba, paja, broza, etc.

10. Edificio público donde se reúnen mercaderes y comerciantes para negociar sus tratos, especialmente el de un puerto, destinado a la subasta de pescado.

2. Usa los verbos en las siguientes frases (conjugados adecuadamente).

agasajar – abastecer – labrar – corroborar – saldar – ensamblar – esquilar – librar – fundir – ondear

1. Nosotros .... la tierra para sobrevivir con lo poco que nos pagan los intermediarios. La vida en el campo es cada vez más dura.

2. El horno ha alcanzado la temperatura apropiada, esperemos que los metales se .... sin causar ningún desperfecto.

3. Aunque te .... constantemente con sus hermosas palabras, no deberías hacerle caso, solo quiere utilizarte.

4. Quiero que .... a las ovejas esta tarde, ya tenemos un comprador para la lana.

5. Deberíamos .... la deuda antes de finalizar el plazo acordado, de lo contrario podríamos incurrir en algún tipo de penalización.

6. La próxima batalla comercial entre Estados Unidos y China se .... en las grandes plataformas de internet.

7. Espero que .... con datos consistentes los argumentos que le expuse ayer a nuestro cliente ruso.

8. Iza la bandera al mediodía, quiero que .... en lo alto del mástil y que todos la puedan contemplar.

9. Debemos .... de materias primas a las plantas de producción para que puedan ejercer sus funciones.

10. Le pedí que .... todas las piezas del dispositivo, pero parece que no me hizo caso.

MODELO 4 HOJA DE RESPUESTAS

Tarea 1
1 A☐ B☐ C☐
2 A☐ B☐ C☐
3 A☐ B☐ C☐
4 A☐ B☐ C☐
5 A☐ B☐ C☐
6 A☐ B☐ C☐
7 A☐ B☐ C☐
8 A☐ B☐ C☐
9 A☐ B☐ C☐
10 A☐ B☐ C☐
11 A☐ B☐ C☐
12 A☐ B☐ C☐

Tarea 2
13 A☐ B☐ C☐ D☐ E☐ F☐ G☐
14 A☐ B☐ C☐ D☐ E☐ F☐ G☐
15 A☐ B☐ C☐ D☐ E☐ F☐ G☐
16 A☐ B☐ C☐ D☐ E☐ F☐ G☐
17 A☐ B☐ C☐ D☐ E☐ F☐ G☐
18 A☐ B☐ C☐ D☐ E☐ F☐ G☐

Tarea 3
19 A☐ B☐ C☐ D☐ E☐ F☐
20 A☐ B☐ C☐ D☐ E☐ F☐
21 A☐ B☐ C☐ D☐ E☐ F☐
22 A☐ B☐ C☐ D☐ E☐ F☐
23 A☐ B☐ C☐ D☐ E☐ F☐
24 A☐ B☐ C☐ D☐ E☐ F☐
25 A☐ B☐ C☐ D☐ E☐ F☐
26 A☐ B☐ C☐ D☐ E☐ F☐

Tarea 4
27 A☐ B☐ C☐ D☐ E☐ F☐ G☐ H☐ I☐ J☐ K☐ L☐
28 A☐ B☐ C☐ D☐ E☐ F☐ G☐ H☐ I☐ J☐ K☐ L☐
29 A☐ B☐ C☐ D☐ E☐ F☐ G☐ H☐ I☐ J☐ K☐ L☐
30 A☐ B☐ C☐ D☐ E☐ F☐ G☐ H☐ I☐ J☐ K☐ L☐
31 A☐ B☐ C☐ D☐ E☐ F☐ G☐ H☐ I☐ J☐ K☐ L☐

Tarea 5
32 A☐ B☐ C☐
33 A☐ B☐ C☐
34 A☐ B☐ C☐
35 A☐ B☐ C☐
36 A☐ B☐ C☐
37 A☐ B☐ C☐
38 A☐ B☐ C☐
39 A☐ B☐ C☐
40 A☐ B☐ C☐
41 A☐ B☐ C☐
42 A☐ B☐ C☐
43 A☐ B☐ C☐
44 A☐ B☐ C☐
45 A☐ B☐ C☐
46 A☐ B☐ C☐

Tarea 6
47 A☐ B☐ C☐
48 A☐ B☐ C☐
49 A☐ B☐ C☐
50 A☐ B☐ C☐
51 A☐ B☐ C☐
52 A☐ B☐ C☐

PRUEBA 1
USO DE LA LENGUA, COMPRENSIÓN DE LECTURA Y COMPRENSIÓN AUDITIVA

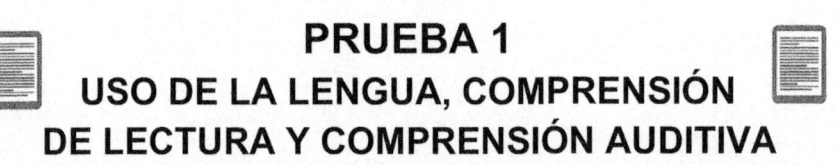

La prueba de **Comprensión de lectura** contiene seis tareas. Usted debe responder a 52 preguntas. Marque sus opciones únicamente en la **Hoja de respuestas**.

⏱ Duración:

- Comprensión de lectura: 60 minutos.
- Comprensión auditiva: 45 minutos.

TAREA 1

Instrucciones
Lea el texto y rellene los huecos (1-12) con la opción correcta (A, B o C).

La coordinación y gestión parental de los divorcios en España

Todos conocemos el hecho de que los juzgados de Familia en España sufren un ......(1)........ Los más perjudicados de todo ello son los niños ......(2)........ en procesos de separación y/o divorcio de sus padres.

En España, se apostó mucho hace unos años por herramientas como la mediación o los centros de atención a la familia, pero el fracaso de estas herramientas ha sido ......(3)........ Se extendió la idea entre miles de estudiantes de derecho y abogados, de que la mediación era una especie de ......(4)........ profesional que los datos nos dicen que ha resultado ser un ......(5)........

Los tiempos cambian y la mediación contiene una serie de fallos en su base estratégica a la hora de abordar un conflicto y, por ello, debemos dar un paso adelante y ......(6)........ Ahora es tiempo de evolucionar y ser más efectivos e inteligentes. O, en cambio, frente al fracaso de la mediación, ...(7)....... por regresar a las ......(8)....... formas de resolver conflictos. Como eso de «los maté porque eran míos».

En otros países que introdujeron la mediación hace más años se dieron cuenta de que algo fallaba. Las propias características de la mediación la hacen una herramienta limitada y ......(9)......., en un mesosistema tan complejo y flexible como es un conflicto familiar del siglo XXI. Ya desde los años 90 se buscan soluciones para la ......(10)....... de los juzgados y obtener respuestas más eficaces que las resoluciones judiciales, que resultan muchas de las veces ineficaces e inejecutables.

El hecho de que la mediación sea voluntaria hace que sea una herramienta que hace depender su eficacia de las partes en conflicto. Todo conflicto se basa en un ......(11)....... de poder entre las partes, y el que se cree en posición "ganadora" nunca estará dispuesto a mediar porque sentirá que pierde. Solo la parte que se siente perdedora querrá acudir a mediación. La neutralidad es imposible en la mediación, ya que las partes están en conflicto y lo que buscan es ......(12)....... para encontrar soluciones. Si las partes tuvieran las respuestas a sus problemas, ¿para qué necesitan un mediador?

Adaptado de: www.confilegal.com

OPCIONES

1. a) saturación	b) colapso	c) rubor
2. a) involucrados	b) abarcados	c) ingeridos
3. a) atosigador	b) alentador	c) abrumador
4. a) panacea	b) emolumento	c) chisme
5. a) tendero	b) fiasco	c) decepción
6. a) embelesar	b) agriar	c) avanzar
7. a) optar	b) osar	c) obviar
8. a) óptimas	b) anacrónicas	c) oblicuas
9. a) dúctil	b) rígida	c) dócil
10. a) tramitación	b) descongestión	c) dispersión
11. a) desequilibrio	b) parentesco	c) vigor
12. a) cortejo	b) asesoramiento	c) sermón

TAREA 2

INSTRUCCIONES

Lea el siguiente texto, del que se han extraído seis párrafos. A continuación lea los siete fragmentos propuestos (A-G) y decida en qué lugar del texto (13-18) hay que colocar cada uno de ellos. Hay un fragmento que no debe elegir.
Marque las opciones elegidas en la **Hoja de respuestas**.

TUMBA NUCLEAR

Finlandia está excavando una "tumba nuclear" que espera que dure al menos 100.000 años. ....(13)............ Y es que desde el inicio de la "era atómica", hace más de medio siglo, uno de los mayores problemas, sin solución hasta ahora, ha sido qué hacer con los residuos de los combustibles utilizados en las centrales nucleares.

............(14)............ ¿Qué hacer o dónde poner una sustancia que puede constituir un riesgo para la vida por millones de años?

Según la Asociación Nuclear Mundial, el método preferido a lo largo de décadas ha sido el almacenamiento geológico profundo, es decir, colocar los residuos bajo tierra. ....(15)............

En Estados Unidos, por ejemplo, los desechos nucleares se almacenan aún en unas estructuras llamadas "toneles secos" en las propias plantas nucleares, pese a que el gobierno ha invertido miles de millones de dólares en soluciones a largo plazo que no se han concretado y que van desde colocar los desechos bajo una cadena montañosa en Nevada hasta dentro de gruesas capas de sal en las profundidades de Nuevo México.

Finlandia ha sido el primer país del mundo en comenzar a construir un "depósito permanente", consiste en un enorme sistema subterráneo con el que esperan que los desechos puedan ser conservados 100 milenios.

La Autoridad de Seguridad Radiológica y Nuclear de Finlandia indicó que espera que el depósito, cuyo costo está estimado en los 3400 millones de dólares y será financiado a través de impuestos a las empresas eléctricas, entre en funcionamiento en 2023. ....(16)............

Si bien Finlandia es el primer país en iniciar la construcción de este tipo de estructuras, el proceso ha tomado décadas. ....(17)............

El tratamiento del desecho para su colocación en el túnel estará formado por varias capas y etapas, como una especie de muñecas rusas. ....(18)........... Tras ser colocado en los envases, el desecho atómico se transferirá a los túneles subterráneos del depósito, a unos 450 metros de profundidad. El sistema contará con otras "capas" de protección, que van desde un material de relleno para el túnel hecho de arcilla hinchable y estructuras de sellado hasta la protección que ofrecerá el lecho rocoso circundante. Y es que el depósito se encuentra en una zona práctica para sus funciones no solo porque está cerca de la central nuclear de Olkiluoto, en la costa oeste de Finlandia, sino también porque el suelo en ese terreno está formado por rocas ígneas, que hacen más difícil una potencial filtración del material radioactivo.

Adaptado de: www.lanacion.com.ar

FRAGMENTOS

A. Sin embargo, no esperan que la amplia red de túneles esté terminada antes de 2120, cuando probablemente ninguno de los que trabajan ahora en su construcción estará vivo para verla terminada.

B. La nación nórdica comenzó a inicios de mayo la perforación del primero de una serie de túneles en los que espera enterrar de forma permanente los desechos atómicos de sus centrales nucleares, que producen más del 30% de su energía.

C. Fue precisamente el año pasado cuando empezaron a surgir las primeras dudas sobre el proyecto y se interrumpió momentáneamente.

D. Es un desafío no solo porque el material radiactivo remanente es altamente tóxico, sino porque su duración es tal que obliga a enfrentar escalas de tiempo inimaginables.

E. El programa de eliminación de desechos atómicos del país nórdico comenzó en 1983 y fue entonces cuando se comenzaron a construir los dos sistemas de depósito de desechos atómicos con los que cuenta actualmente, ambos de tipo temporal.

F. Una vez que el material nuclear haya agotado sus funciones para la generación de energía, la empresa planea colocarlo inicialmente en un recipiente de acero, que será recubierto por otra cápsula de cobre para evitar filtraciones.

G. Sin embargo, esto se ha hecho de forma transitoria, hasta que se encuentre un mecanismo de almacenamiento más duradero.

TAREA 3

INSTRUCCIONES

A continuación tiene seis textos (A-F) y ocho enunciados (19-26). Léalos y elija el texto que corresponde a cada enunciado. Recuerde que hay textos que deben ser elegidos más de una vez.
Marque las opciones elegidas en la **Hoja de respuestas**.

A. SIGMUND FREUD

En los albores del siglo XX, el neurólogo austriaco Sigmund Freud empezó a sentar las bases del psicoanálisis, un novedoso enfoque sobre la psique humana que es tanto una teoría de la personalidad como un método de tratamiento para pacientes con trastornos. La principal contribución de Freud a la psicología sería su concepto del inconsciente. Freud sostenía que el comportamiento de una persona está profundamente determinado por pensamientos, deseos y recuerdos reprimidos; según su teoría, las experiencias dolorosas de la infancia son desalojadas de la conciencia y pasan a formar parte del inconsciente, desde donde pueden influir poderosamente en la conducta. Como método de tratamiento, el psicoanálisis procura llevar estos recuerdos a la conciencia para así liberar al sujeto de su influencia negativa.

B. BUDA

A lo largo de los siglos, se ha representado la imagen de Buda tantas veces que incluso en Occidente su efigie resulta tan familiar como cualquier otro objeto artístico. Solemos verle sentado sobre sus piernas en actitud meditativa, con una protuberancia más o menos saliente en la cúspide del cráneo y un lunar piloso entre las cejas, cubierto por un vaporoso manto sacerdotal y aureolado su rostro por una serenidad y una dulzura entrañables. Hay algo, sin embargo, que sorprende a veces: para ser un asceta que ha renunciado a los placeres del mundo y que conoce a fondo las miserias humanas, en ciertas representaciones parece excesivamente bien alimentado y demasiado satisfecho.

C. SIMÓN BOLÍVAR

Si se forzase a los historiadores a designar el más decisivo protagonista de los convulsos procesos que, en las primeras décadas del siglo XIX, condujeron a la emancipación de la América Latina, no hay duda de que resultaría elegido el militar y estadista venezolano Simón Bolívar. Tal fue la trascendencia de su figura que ha podido afirmarse que, en el ámbito sudamericano, la historia de la emancipación es la biografía de Bolívar.

Pese al realismo y rigor de su pensamiento político (siempre juzgó que era preciso adaptar las doctrinas europeas a la realidad americana), el éxito no le acompañó en la monumental empresa de configurar las nuevas repúblicas; sometida a la presión de los caudillismos y las reivindicaciones territoriales, la desmembración de la Gran Colombia también hubiera sido inevitable sin el prematuro fallecimiento de Bolívar.

D. ALEJANDRO MAGNO

Para la historia de la civilización antigua las hazañas de Alejandro Magno supusieron un torbellino de tales proporciones que aún hoy se puede hablar sin paliativos de un antes y un después de su paso por el mundo. Y aunque su legado providencial (la extensión de la cultura helénica hasta los confines más remotos) se vio favorecido por todo un abanico de circunstancias favorables que reseñan puntualmente los historiadores, su biografía es en verdad una auténtica epopeya.

Hacia la segunda mitad del siglo IV a.C., un pequeño territorio del norte de Grecia, menospreciado por los altivos atenienses y tachado de bárbaro, inició su fulgurante expansión bajo la égida de un militar de genio. La clave de sus éxitos en batalla fue el disponer la caballería en el ala atacante, pero sobre todo en dotar de movilidad, reduciendo el número de filas, a las falanges de infantería, que hasta entonces solo podían maniobrar en una dirección.

E. CARLOS V

En 1520, una serie de alianzas dinásticas y fallecimientos prematuros convirtió a un joven de veinte años en el monarca más poderoso de Europa. Nieto de los Reyes Católicos, Carlos había heredado de ellos las coronas de Castilla y Aragón, con sus respectivas posesiones en América y en el Mediterráneo, y reinaba como Carlos I de España desde los dieciséis años. A los veinte, tras la muerte de su abuelo paterno, el emperador Maximiliano I de Habsburgo, fue coronado emperador del Sacro Imperio Romano Germánico, razón por la que la historiografía lo designa como Carlos I de España y V de Alemania. Pese a ser la más habitual, esta denominación omite otros importantes territorios incluidos en su fabulosa herencia.

F. CHARLES CHAPLIN

Las tres primeras décadas del siglo XX presenciaron el nacimiento y esplendor del cine mudo y la aparición de talentosos actores y cineastas que gozaron de una inmensa popularidad. De todos ellos, ninguno llegaría a alcanzar un reconocimiento tan unánime entre el público y la crítica como el británico Charles Chaplin, considerado uno de los grandes genios de la historia del séptimo arte.

Creador del tierno y humanísimo Charlot, personaje más universal si cabe que el mismo actor y cineasta, Charles Chaplin sobrepasó en su filmografía de madurez la idiosincrasia meramente lúdica del género cómico para transmitir al público su perspectiva crítica sobre el capitalismo salvaje, el auge de los totalitarismos y la deshumanización del mundo moderno. La profundidad de tales cargas, cuya vigencia comprobamos al revisitar sus películas, llegaron a ponerlo en el punto de mira de la «caza de brujas» estadounidense, hasta el punto de forzar el regreso a su país.

Adaptados de: www.biografiasyvidas.com

PREGUNTAS

19. Su estrategia bélica fue revolucionaria.

A)   B)   C)   D)   E)   F)

20. Su frente es característica pues posee una marca en ella.

A)   B)   C)   D)   E)   F)

21. Fracasó en uno de sus ambiciosos proyectos.

A)   B)   C)   D)   E)   F)

22. Fue expatriado.

A)   B)   C)   D)   E)   F)

23. Todo aquello que obtuvo no fue por mérito propio.

A)   B)   C)   D)   E)   F)

24. Elaboró una conjetura sobre su campo de exploración.

A)   B)   C)   D)   E)   F)

25. Su región no era valorada como se debía.

A)   B)   C)   D)   E)   F)

26. Gozó de reputación entre aquellos que analizaban su obra.

A)   B)   C)   D)   E)   F)

TAREA 4

INSTRUCCIONES

Usted va a escuchar una conferencia. Entre las doce opciones (A-L) usted deberá elegir las cinco que resumen la conferencia. Escuche la audición dos veces.

AUDIO EN MP3 DESCARGABLE O VÍDEO DE YOUTUBE "Comprensión Auditiva DELE C2":
59:02

OPCIONES

A) Las CDN están pasando por un periodo de vacas flacas.

B) Las CDN no destacaban principalmente por su celebridad.

C) Se menciona un producto digital que acaba de salir al mercado.

D) Se generan réplicas de páginas web para ofrecer un servicio más veloz a los usuarios.

E) Las CDN poco a poco se están volviendo indispensables para varias funciones en línea.

F) La tecnología CDN requiere de una inversión menor para ser implantada.

G) El mercado está muy fragmentado y la mayoría de los proveedores son pymes.

H) Las barreras de entrada a este mercado son difíciles de solventar.

I) La adaptación de las CDN a los dispositivos móviles está resultando costosa.

J) Solo el 10% del capital de la empresa está invertido en la bolsa.

K) La imagen de la empresa no resultó dañada tras el incidente.

L) Se trata de un servicio en el que abundan los engaños.

TAREA 5

INSTRUCCIONES

Usted va a escuchar a dos personas hablando sobre la Unión Europea. Deberá marcar, de las 15 frases (32-46), qué ideas expresa el hombre (A), cuáles la mujer (B) o ninguno de los dos (C). Escuche la audición dos veces.

AUDIO EN MP3 DESCARGABLE O VÍDEO DE YOUTUBE "Comprensión Auditiva DELE C2": 01:03:28

		(A) HOMBRE	(B) MUJER	(C) NINGUNO
32.	Ve peligros en los radicalismos patrióticos.	☐	☐	☐
33.	Se analiza Europa desde diferentes puntos de vista.	☐	☐	☐
34.	Los linajes monárquicos no deben perdurar en Europa.	☐	☐	☐
35.	Apoya las tesis de otros expertos.	☐	☐	☐
36.	Las políticas de ahorro no han sido correctas.	☐	☐	☐
37.	El tema de los presupuestos europeos es complicado.	☐	☐	☐
38.	Las contiendas bélicas deben aflorar en la UE.	☐	☐	☐
39.	Hay que fortalecer puntos comunes de los países.	☐	☐	☐
40.	Los periodos de recesión son comunes en Europa.	☐	☐	☐
41.	El problema es que los líderes carecen de carisma.	☐	☐	☐
42.	La UE pierde importancia en el mundo actual.	☐	☐	☐
43.	Europa no tiene palabra frente a la desregulación.	☐	☐	☐
44.	La afiliación a los partidos políticos cae en la UE.	☐	☐	☐
45.	La libre circulación europea no se ejecuta como debería.	☐	☐	☐
46.	Hay falta de responsabilidad penal para los mandatarios.	☐	☐	☐

TAREA 6

INSTRUCCIONES

Usted va a escuchar una entrevista. Después debe contestar a las preguntas (47-52), Seleccione la opción correcta (A, B o C). Escuche la entrevista dos veces.

AUDIO EN MP3 DESCARGABLE O VÍDEO DE YOUTUBE "Comprensión Auditiva DELE C2":
01:09:15

PREGUNTAS

47. En la entrevista se menciona que...
a) recibir el premio supuso un chute de motivación y adrenalina.
b) la vocación es algo pasajero.
c) la escuela le pertenece a los alumnos.

48. Se comenta durante la entrevista que ser maestra...
a) es un gran compromiso que la hace sentir agraciada.
b) refresca los temores de la juventud.
c) es una profesión que tiene los días contados.

49. La entrevistada asegura que...
a) en el proceso de aprendizaje surgen problemas imprevistos.
b) su metodología no deja a ningún alumno rezagado.
c) los talleres fomentan la participación de los familiares.

50. Durante la entrevista se dice que...
a) la legislación vigente se implantó en el siglo XIX.
b) los contenidos del sistema educativo son diferentes en cada región del país.
c) el registro continuo de datos facilita la labor del docente.

51. En el audio se menciona que...
a) padres y alumnos compartes metas idénticas.
b) la profesora ha vivido en sus carnes la falta de respeto por parte de padres de alumnos.
c) la familia tradicional debe ser el punto de referencia del docente.

52. En cuanto al tema del acoso, la entrevistada asegura que...
a) las conductas de los mayores apenas influyen en la actitud de los jóvenes con respecto a este tema.
b) la solución pasa por un cambio radical en la legislación.
c) se debe abordar el problema empleando recursos lúdicos.

PRUEBA 2. DESTREZAS INTEGRADAS: COMPRENSIÓN AUDITIVA Y EXPRESIÓN E INTERACCIÓN ESCRITAS

Esta prueba contiene 3 tareas.

Duración: 150 minutos.

Haga sus tareas en la **Hoja de respuestas**.

TAREA 1

INSTRUCCIONES

Usted tiene un blog personal y ha decidido publicar un artículo sobre la escalada. Para ello cuenta con un audio y dos textos.

Primero, escuche el audio dos veces. Tome notas y, después, utilizando todas las fuentes proporcionadas, redacte su artículo seleccionando la información que considere oportuna.

Número de palabras: **entre 400 y 450**.

AUDIO EN MP3 DESCARGABLE O VÍDEO DE YOUTUBE "Comprensión Auditiva DELE C2": 01:14:19

TEXTO 1

LA MASIFICACIÓN EN LA ESCALADA

"Hoy va a tocar coger número para darle un pegue al proyecto". ¿Cuántas veces has oído o hecho este irónico comentario? Llega el fin de semana y los sectores de escalada más populares parecen la Gran Vía en hora punta o La Rambla cuando llega un crucero plagado de guiris al puerto de Barcelona. En algunas zonas como Siurana, Oliana o Margalef incluso ya no hace falta ni que sea sábado o domingo para encontrarse un sector a reventar.

¿Qué ha pasado? La temida masificación en la escalada es una realidad de unos años a esta parte, y parece que sin marcha atrás… Que crezca la escalada como actividad deportiva es algo positivo. Lo es para las marcas de ropa y material, para los municipios cercanos a las escuelas de escalada, para los guías profesionales, para los rocódromos, etc. Incluso para los medios de comunicación especializados.

En Alemania, según datos recogidos por la plataforma ISPO, el crecimiento del número de rocódromos es del 27% por año. En Francia está alrededor del 15% y el resto de Europa empieza a despertar. En Estados Unidos la cifra es parecida a la de Alemania y Japón va a la zaga también.

¿Te imaginas a todos los nuevos clientes que capta una sala de escalada indoor saliendo de golpe a la roca? ¿O a todos los que han visto The Dawn Wall en Netflix? Parece improbable, pero un porcentaje lo hace y se nota…

Es verdad que si quieres escalar alejado de la multitud puedes hacerlo. Es tan sencillo como escoger un sector con una aproximación de más de 30 o 45 minutos o un lugar con vías poco populares. Pero esto no solucionará el problema global.

Más ruido a pie de vía, más basura, caos en las zonas de aparcamiento, más accidentes por falta de formación, etc. Afortunadamente, asociaciones como Escalada Sostenible trabajan desde hace tiempo para gestionar problemáticas como las enunciadas, pero son necesarios más medios y la implicación de más actores. La formación desde de las federaciones y clubs, concienciación en los rocódromos o difusión a través de las marcas son claves. Y voluntad, voluntad por parte de todas y cada una de las personas que escalan.

La escalada es un deporte joven -en el sentido moderno de la actividad- y seguirá creciendo en los próximos años de forma exponencial. Películas como Free Solo han acercado la escalada a millones de personas, quizás no de la mejor manera para los neófitos, pero es la realidad.

En televisión la escalada también es un recurso potente a la hora de comunicar y se ha convertido en algo habitual. Por no hablar de los Juegos Olímpicos de Tokio 2020, donde la escalada será olímpica por primera vez. Estamos de enhorabuena, pero esperamos que el punto de inflexión nos lleve a un escenario donde no veamos morir de éxito a la escalada en roca. Depende de todos nosotros.

Adaptado de: www.woguclimbing.com

TEXTO 2

LOS ACCIDENTES EN LA ESCALADA, ¿POR QUÉ SUELEN OCURRIR?

Tras el fatal accidente de Ken Anderson, en el que el escalador se confió y no puso ningún seguro al ascender por una sección de 25 metros bastante fácil, queremos lanzar un pequeño análisis en forma de reflexión sobre las principales causas de accidente en la escalada: el exceso de confianza y la falta de experiencia.

Los accidentes en la escalada pueden producirse por muchísimos factores, por eso los ejemplos que ponemos a continuación son solo eso, ejemplos. Ni son los únicos casos ni son las únicas causas, pero todos los ejemplos que os mostramos a continuación son causas reales que han desencadenado más de un accidente a lo largo de los años.

Escaladores inexpertos

Cuando hablamos de accidentes de escalada entre principiantes, el incumplimiento de las medidas básicas de seguridad por desconocimiento de las mismas es sin duda el desencadenante más repetido, aunque también es cierto que en este tipo de accidentes las consecuencias no suelen ser las más graves.

Al tratarse de escaladores recién iniciados, los riesgos que estos asumen en cada ascenso suelen ser mucho menores que cuando se goza de experiencia. En este tipo de escaladores será difícil ver saltarse alguna cinta y dejarla sin chapar o ver ascender un buen tramo de pared sin poner seguros. Sin embargo, si el nudo que une la cuerda con el arnés está mal hecho, en el mejor de los casos si el escalador se cae en las primeras chapas, al depender todo el peso de un nudo mal hecho, este no aguantará. Y en caso de haber colocado la cuerda de forma incorrecta en el gri-gri el resultado será el mismo que si directamente no tenemos un nudo. En la mayoría de ocasiones el escalador caerá irremediablemente hasta el suelo. Cómo evitarlo: es imprescindible, además de una obligación, revisar el nudo del compañero antes de iniciar cualquier ascenso. También es necesario pegar un tirón a la cuerda a la altura del gri-gri para comprobar que esté sujeta la cuerda de forma correcta.

La falta de experiencia unido al alto nivel de estrés que el ascenso produce en alguien inexperto pueden provocar errores básicos que parecerían imposibles de cometer. En los primeros ascensos de un escalador recién iniciado, este deberá observar y tratar de entender el sistema que nos sujeta a la pared.

El exceso de confianza

Sin duda, los accidentes más graves que se producen en la escalada son producto del exceso de confianza. Los ejemplos son innumerables, y se han visto de todos los tipos.

Conocemos casos de personas con más de 30 años de experiencia que, con el objetivo de no perder el cabo, se han hecho un nudo como el de los cordones de las zapatillas al atarse la cuerda al ventral y olvidarse de cambiarlo por un nudo "ocho" al iniciar la escalada. En este caso, el escalador llegó a la reunión sin fallar, y al descolgarse el nudo se abrió, cayendo el escalador más de 30 metros, aunque de manera milagrosa en este caso concreto el escalador sobrevivió.

Este es solo uno de los miles de ejemplos que existen de accidentes provocados por el exceso de confianza, como en el caso de la muerte de Ken Anderson el pasado domingo. En este caso, el escalador ascendía por una sección bastante fácil, por lo que no puso ningún seguro en un tramo de más de 20 metros. Al romperse un canto, la caída fue inevitable.

Otro caso que conocemos, y que se está convirtiendo en una causa bastante común de muertes en la escalada es escalar sin protecciones de ningún tipo, lo que se conoce como solo integral, cuando se rompe una presa o un canto. Aquí en España han habido varias muertes por este motivo, alguna de personajes muy conocidos en el mundillo y que ya son leyenda en los rocódromos.

No olvidemos también que la escalada (en todas sus modalidades) es una actividad con un alto riesgo implícito, por lo tanto la atención en los procedimientos, la calidad de los materiales (uso y desgaste), la calidad de la vía (si está limpia o no), el clima, la protección personal y la experiencia, tanto del asegurador como la del mismo escalador son fundamentales para minimizar los riesgos y hacer de esta actividad lo más segura y cómoda posible.

Adaptado de : www.escalando.eu

TAREA 2

INSTRUCCIONES

A usted le han pedido que corrija la traducción de un folleto informativo. Estructure el texto de una manera coherente, puntúelo adecuadamente y corrija los errores, eliminando redundancias o repeticiones.
Número de palabras: **entre 150 y 250**.

El CCK lo invita el 18 de diciembre de 2021 de 2:00 p.m. a 4:30 p.m. a la próxima conferencia del serie "Habilidades Digitales".

El discurso introductorio estará en cargo de Felipe Espinell vicepresidente del Consejo de Tecnologías de la Información y Telecomunicaciones y quien compartirá sus observaciones y reflexiones provocadas por el uso de herramientas digitales para paliar las dolencias provocadas por la pandemia.

Conferencias anteriores de la serie Habilidades Digitales, involucrar a los participantes en sesiones temáticas en el modelo del café del conocimiento. Esta vez de forma, remota, con la participación de los participantes del conferencia, organizarán debates interactivos sobre los siguientes temas: educación y trabajo y relaciones,

La conferencia termino con la presentación de los resultados de la discusión en forma de prescripciones/recomendaciones, que veremos correctas dentro de un año, con suerte en las condiciones naturales de una presencial reunión.

La conferencia va ser resumida por Alberto Antón miembro de la Junta de Tecnología de la Información.

Te invitamos

TAREA 3

INSTRUCCIONES

Debe redactar un texto informativo sobre el trabajo en la medicina a partir de los gráficos proporcionados, valorando y resumiendo los datos más relevantes.
Número de palabras: **entre 200 y 250**.

Densidad de médicos por país
Médicos por cada 100.000 habitantes (2019)

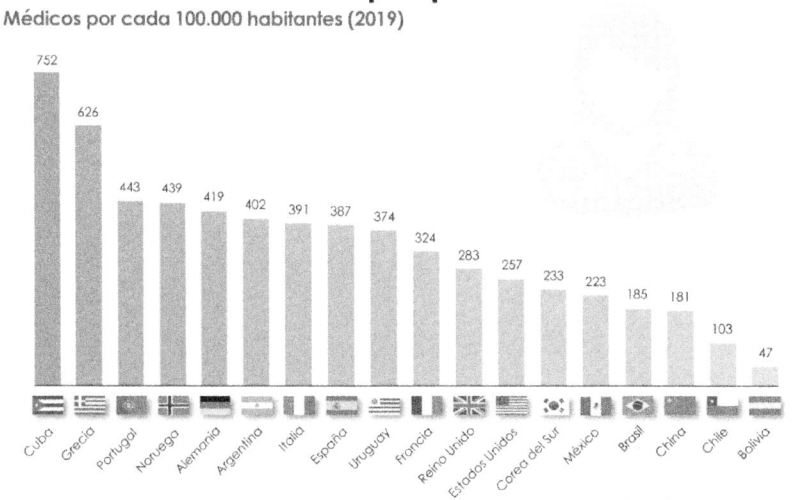

País	Médicos
Cuba	752
Grecia	626
Portugal	443
Noruega	439
Alemania	419
Argentina	402
Italia	391
España	387
Uruguay	374
Francia	324
Reino Unido	283
Estados Unidos	257
Corea del Sur	233
México	223
Brasil	185
China	181
Chile	103
Bolivia	47

Vía: www.elordenmundial.com/

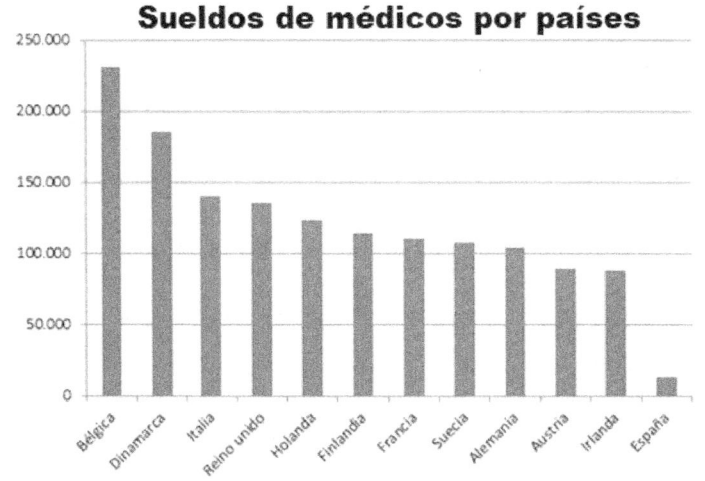

Sueldos de médicos por países

(Países en orden: Bélgica, Dinamarca, Italia, Reino unido, Holanda, Finlandia, Francia, Suecia, Alemania, Austria, Irlanda, España)

Vía: www.redaccionmedica.com

PRUEBA 3. DESTREZAS INTEGRADAS: COMPRENSIÓN DE LECTURA Y EXPRESIÓN E INTERACCIÓN ORALES

Esta prueba contiene tres tareas:

Tiene 30 minutos para preparar la Tarea 1.

Usted puede tomar notas y escribir un esquema de su exposición que podrá consultar durante el examen; en ningún caso podrá limitarse a leer el esquema o sus notas.

TAREA 1

INSTRUCCIONES

Prepare una presentación de 6-7 minutos sobre el tema de la inteligencia artificial inspirándose en el material de apoyo que se le ofrece. Explique al entrevistador:

- la situación actual de los salarios en España;
- la brecha salarial por sexos y en puestos de dirección;
- las diferencias entre regiones.

TEXTO 1

IA PARA DETECTAR LA DEFORESTACIÓN ILEGAL

Rainforest Connection (RFCx) es una organización sin fines de lucro que recicla teléfonos móviles viejos para ayudar a proteger la selva tropical de la tala ilegal. ¿Cómo lo hace? A través de una inteligencia artificial orientada a la detección de sonidos que puedan resultar peligrosos para el medio ambiente en zonas de bosques protegidos en las selvas tropicales. Estas talas ilegales están contribuyendo a la deforestación ilegal y a un aumento de las emisiones de carbono.

La deforestación ilegal es una actividad de entrada a la tala de bosques tropicales, una de las principales causas del cambio climático. Según la ONU, hasta el 90% de la tala en las selvas tropicales es ilegal.

Uno de los puntos más interesantes de la inteligencia artificial que utiliza esta ONG se encuentra en la automatización y, por supuesto, en el impacto socioeconómico que tendrá, sobre todo teniendo en cuenta las ramificaciones más amplias del cambio climático y las consecuencias a largo plazo de no detener esta deforestación ilegal que sigue poniendo en peligro el frágil equilibrio de un planeta que no cesa de pedir ayuda. Y es que la inmensidad que hace que la selva amazónica sea tan diversa y fértil también hace que sea extremadamente difícil de proteger.

Rainforest Connection, que nació en 2014, comenzó por aquel momento empleando teléfonos de segunda mano que funcionan con energía solar como estaciones de escucha que podían alertar a las autoridades sobre los sonidos de la tala ilegal. Ahora, la aplicación de aprendizaje automático ha potenciado las capacidades de la red. Los teléfonos actuales son más inteligentes, más modernos y representan una herramienta poderosa y versátil para ser utilizada como un detector de sonido inalámbrico.

Originalmente, los móviles solo escuchaban ciertos sonidos que indicaban, por ejemplo, la presencia de una motosierra, pero al introducir la variable de una inteligencia artificial en constante aprendizaje ha resultado en que se le puede sacar mucho más provecho al flujo de audio.

Ahora pueden detectar disparos, voces, especies... detalles mucho más sutiles que una sonora motosierra. Y lo bueno es que la IA mejora con el paso de los meses.

El sistema de monitoreo RFCx ofrece la oportunidad de proteger áreas clave de la selva tropical y responder a alertas en tiempo real, al mismo tiempo que comparten grandes cantidades de datos del ecosistema que ayudan a negociar mayores protecciones en estas áreas. En algunos casos, proteger el perímetro de una selva tropical en realidad puede significar proteger todo lo que hay detrás.

Vía: www.muyinteresante.es

GRÁFICO 1. OPINIÓN SOBRE LA IA
¿CÓMO AFECTARÁ LA INTELIGENCIA ARTIFICIAL A NUESTRO TRABAJO?

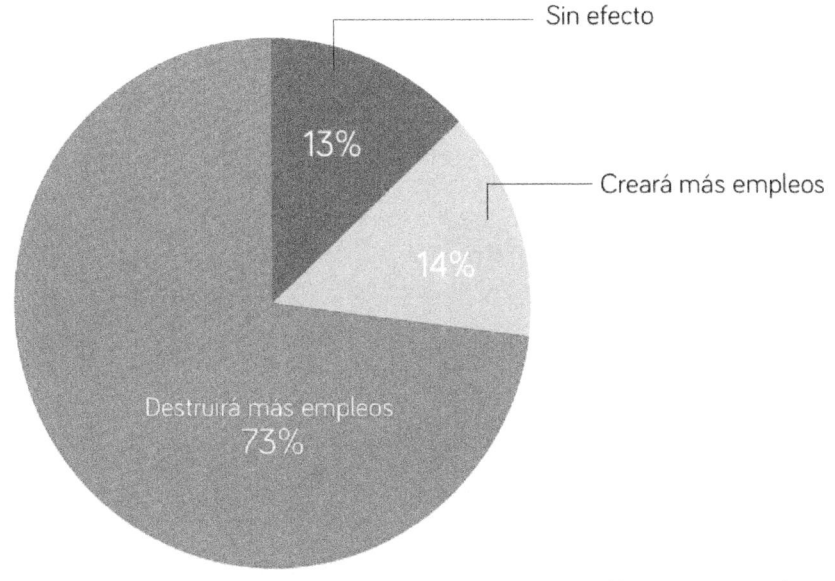

- Sin efecto: 13%
- Creará más empleos: 14%
- Destruirá más empleos: 73%

Vía: www.reasonwhy.es

GRÁFICO 2. EMPRESAS CON IA

Las empresas líderes en inteligencia artificial
Empresas con más patentes de inteligencia artificial en el mundo en 2019*

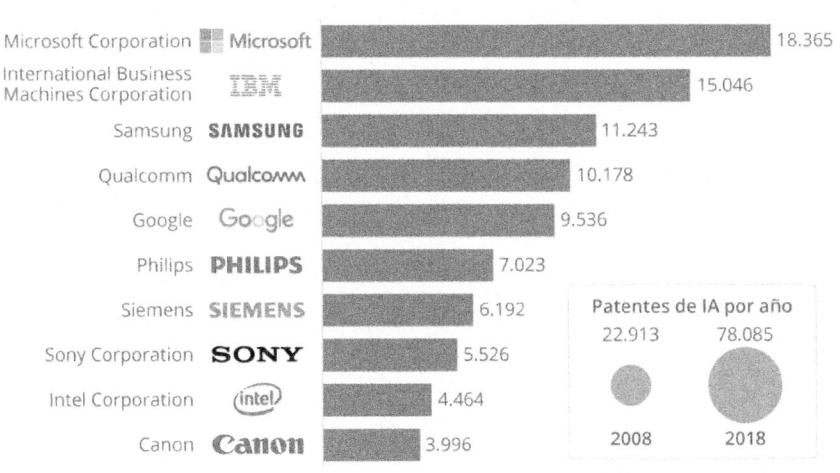

Microsoft Corporation	18.365
International Business Machines Corporation	15.046
Samsung	11.243
Qualcomm	10.178
Google	9.536
Philips	7.023
Siemens	6.192
Sony Corporation	5.526
Intel Corporation	4.464
Canon	3.996

Patentes de IA por año
- 2008: 22.913
- 2018: 78.085

Vía: www.es.statista.com

TEXTO 2

CÓMO LA INTELIGENCIA ARTIFICIAL PODRÍA DESTRUIRNOS POR ACCIDENTE

Según un nuevo libro, lo que debe preocuparnos no es que los robots tomen conciencia de sí mismos y se alcen contra sus amos humanos, sino que las máquinas se vuelvan tan buenas en la consecución de los objetivos que les fijamos, que terminemos siendo aniquilados inadvertidamente al establecerles tareas equivocadas.

Stuart Russell, profesor en la Universidad de California, es el autor de Human Compatible: AI and the Problem of Control y un experto en los avances que el aprendizaje automático ha hecho posibles.

En una entrevista de la BBC, el experto dio un ejemplo hipotético de la amenaza real que, en su opinión, la IA podría representar.

"Imagina que tenemos un poderoso sistema de IA que es capaz de controlar el clima del planeta y que queremos usarlo para devolver los niveles de CO_2 en nuestra atmósfera a la época preindustrial. El sistema descubre que la forma más fácil de hacerlo es deshacerse de todos los seres humanos, porque ellos son los que están produciendo todo este dióxido de carbono en primer lugar. Y podrías decir, bueno, puedes hacer lo que quieras, pero no puedes deshacerte de los seres humanos. Entonces ¿qué hace el sistema? Simplemente nos convence de tener menos hijos hasta que no queden seres humanos".

El ejemplo sirve para resaltar los riesgos asociados a que la inteligencia artificial actúe bajo instrucciones en las que los humanos no hemos pensado.

La mayoría de los sistemas actuales de IA tienen aplicaciones "débiles", diseñadas específicamente para abordar un problema bien especificado en un área.

Un momento importante para este campo llegó en 1997, cuando la computadora Deep Blue derrotó al campeón mundial de ajedrez, Garry Kasparov, en un torneo de seis partidas. Pero a pesar de la hazaña, Deep Blue fue diseñado por humanos específicamente para jugar al ajedrez y no podría con un simple juego de damas.

Ese no es el caso de los avances posteriores en inteligencia artificial. El software AlphaGo Zero, por ejemplo, alcanzó un nivel de rendimiento sobrehumano después de solo tres días de jugar Go contra sí mismo.

"A medida que un sistema de inteligencia artificial se vuelva más poderoso y más general, podría volverse súper inteligente, superior al rendimiento humano en muchos o casi todos los dominios". Y es por eso que, según Russell, los humanos necesitamos retomar el control.

Vía: www.bbc.com

TAREA 2

INSTRUCCIONES

Durante 5 o 6 minutos deberá conversar con el entrevistador sobre el tema de la Tarea 1.

Amplíe la información y exprese con argumentos su punto de vista.

EJEMPLOS DE PREGUNTAS DEL EXAMINADOR

- ¿Cree que la IA podría realmente acabar con la raza humana?
- ¿Cuál es su opinión sobre la inteligencia artificial en la actualidad?
- ¿Cómo es la situación de su país con respecto a la inteligencia artificial?
- ¿Cree que debería existir algún tipo de regulación para la IA? ¿Qué leyes pondría usted?
- ¿Qué opina sobre la evolución de la tecnología en los últimos años? ¿Cree que seguirá desarrollándose al mismo ritmo?
- ¿Cuáles son los factores que hacen a la IA imprescindible en nuestro día a día? ¿Y los que la hacen peligrosa?
- ¿Qué uso hace usted de la inteligencia artificial? ¿Podría vivir sin ella?

TAREA 3

INSTRUCCIONES

Lea los siguientes titulares de diferentes periódicos sobre el tabaco. A continuación, converse de modo informal con el entrevistador. Exprese su opinión sobre dichos titulares, si está de acuerdo con ellos o no y profundice sobre el tema.

EL PAÍS SOCIEDAD

MEDIO AMBIENTE >

Más playas sin tabaco para este verano en España

Cada vez son más las iniciativas para intentar crear una red de playas libres de humo de tabaco en España. Las que se suman este año son experiencias piloto estrechamente relacionadas con la limpieza y sostenibilidad de la costa, ya que muchas de las colillas de los fumadores acaban en la arena y en el mar.

ECD CONFIDENCIAL DIGITAL

Cigarrillos electrónicos que complacen los paladares

Este nuevo producto revolucionó el mercado, al punto de crear polémica por sus pros y contras, que hasta el día de hoy, siguen siendo discutidos. Lo bueno de todo es que los cigarrillos electrónicos tienen una gran demanda en el mercado comercial y cada vez crecen en número los fanáticos que han decidido lanzarse a una nueva experiencia de aromas y sabores.

DIARIO DE NAVARRA

Colectivos antitabaco piden que la industria asuma el coste de la prevención

El Comité Nacional para la Prevención del Tabaquismo, integrado por 38 organizaciones sanitarias, considera que las tabaqueras deben de pagar "los platos rotos de lo que están haciendo" y asumir el coste de planes de tratamiento y prevención porque es una "industria mortífera, que mata a uno de cada dos clientes".

elEconomista.es

Philip Morris eleva un 35% sus beneficios en el primer trimestre, hasta 1.682 millones

En España la tabaquera vendió 3.700 millones de unidades, lo que representa un incremento del 1,8%. Por otro lado, las ventas de tabaco sin combustión experimentaron un alza del 45,5% en el trimestre, lo que representa el mayor crecimiento relativo de toda la oferta de PMI.

SOLUCIONES Y TRANSCRIPCIONES

VOCABULARIO Y MODELO 1

1. 1 perecedero, 2 apodo, 3 frugal, 4 brebaje, 5 enclenque, 6 sermón, 7 repelente, 8 remordimiento, 9 sepelio, 10 migaja.

2. 1 yacía, 2 inculque, 3 hubieras impartido / hubieses impartido, 4 vulnere, 5 entablar, 6 se había atiborrado, 7 se chamusque, 8 me serene, 9 velara / velase, 10 pellizques.

PRUEBA 1
USO DE LA LENGUA, COMPRENSIÓN DE LECTURA Y COMPRENSIÓN AUDITIVA

TAREA 1
1b, 2c, 3a, 4a, 5b, 6a, 7c, 8b, 9a, 10b, 11a, 12b.

TAREA 2
13e, 14b, 15g, 16a, 17f, 18c.

TAREA 3
19e, 20c, 21d, 22f, 23b, 24a, 25e, 26f.

TAREA 4
Soluciones: 27c, 28e, 29g, 30j, 31l.
Transcripción:

¿Qué es el liderazgo?

El liderazgo es el conjunto de habilidades de un individuo que le permiten ejercer tareas como líder. Un líder es aquel que está al mando de un grupo y tiene la capacidad de motivar a sus integrantes a través de su discurso o de su empatía.

Existen diferentes tipos de líderes que se desempeñan en ámbitos variados como una empresa, una familia, una organización, un equipo de fútbol, entre otros. En algunos casos, los miembros del grupo solo acatan las órdenes del líder, en otros ayudan a tomar decisiones dando su punto de vista y colaborando.

Las habilidades de un líder son variadas y son la clave para generar una influencia positiva sobre un determinado grupo de personas. El líder suele tomar la iniciativa para comenzar a hacer algo, luego gestiona y evalúa.

Líder también es aquel que tiene características que lo hacen una persona célebre o que impone respeto, se destaca entre los demás y tiene cualidades que le dan superioridad para desempeñar un papel. El líder sobresale en algún aspecto (título, experiencia, conocimientos, desempeño) y suele ser un modelo a seguir para el resto de sus pares.

Algunos expertos plantean que el liderazgo es solo uno y que, como los líderes son personas con diversas características, eso los hace distintos. Otros afirman que hay varios tipos de liderazgo con diferentes características.

Las empresas buscan líderes (no simplemente jefes), ya que les interesa que estos empleados tengan una personalidad de liderazgo y herramientas que motiven a las personas a cargo para la toma de decisiones y el cumplimiento de los objetivos propuestos. El fin del liderazgo empresarial es formar personas capacitadas que trabajen para el desarrollo de la empresa.

El líder cumple el rol de guía y debe contar con características profesionales y personales como: carisma, capacidad de comunicación, capacidad resolutiva, capacidad de delegar, disciplina, escucha y honestidad.

Algunas de las características y ventajas de un liderazgo empresarial bien ejecutado son:

Mejora los vínculos entre los miembros del equipo.

Consigue los objetivos propuestos.

Genera ambientes de trabajo armónicos.

Fomenta la comunicación.

Divide las tareas entre los miembros y asigna roles.

Favorece el trabajo en equipo.

Fomenta el sentido de pertenencia entre los miembros.

Mejora la productividad de la empresa.

Destaca el potencial de cada miembro.

Tiene en cuenta los diferentes puntos de vista.

Toma decisiones consensuadas.

El liderazgo es un rol importante tanto en el ámbito empresarial como en cualquier otro grupo u organización formada por varios individuos. Cuando el liderazgo es bien ejecutado genera ambientes armónicos propicios para el desarrollo de tareas y del potencial de cada uno de los miembros.

La importancia de la figura del líder recae, principalmente, en su rol de guía y motivador para el cumplimiento de objetivos o el correcto desempeño de un grupo. El líder busca integrar a los miembros, fomenta entre ellos una relación basada en el respeto y la comunicación, tiene en cuenta las opiniones y puntos de vista ajenos, y promueve la toma de decisiones consensuadas o que beneficien por igual a todos los miembros.

Los líderes están en empresas, equipos de baloncesto, familias, grupo de amigos, escuelas, es decir, en todo grupo humano. El liderazgo resulta fundamental para mantener el orden en un grupo y para ejecutar acciones y lograr objetivos.

Hay individuos que nacen con cualidades como para ser líderes natos (como empatía, simpatía, sociabilidad, intuición) y luego les suman a estas características conocimientos adquiridos a lo largo de su vida; y hay quienes aprenden y se van adaptando a las situaciones en las que deben tener protagonismo.

Existen ciertas características personales y profesionales que destacan en los buenos líderes:

Es honesto.

Delega tareas. Escucha y tiene en cuenta otros puntos de vista.

Fomenta el trabajo en equipo.

Motiva y potencia a los miembros del equipo.

Es responsable y comprometido.

El líder debe ejercer su poder pensándose también como un miembro más. En algún punto el poder que emana del líder es exigido por los miembros de ese grupo, ellos necesitan a alguien que los guíe y los ordene. El poder del líder puede ser utilizado de dos maneras, por un lado, para castigar a los seguidores y por otro, para premiarlos.

Un líder se sostiene en esa posición y conserva su poder solo mientras sus adeptos o superiores consideren que es la persona indicada para satisfacer sus necesidades, en definidas cuentas, el poder que tiene el líder no es útil si no está sirviendo a los seguidores.

Adaptado de: www.concepto.de

TAREA 5

Soluciones: 32 C, 33 A, 34 B, 35 C, 36 A, 37 B, 38 C, 39 B, 40 C, 41 A, 42 C, 43 B, 44 A, 45 A, 46 C.

Transcripción:

HOMBRE

Esta crisis se ha ido alargando, así que van a ser necesarios más recursos de los que ya hemos puesto sobre la mesa. Hay 2 millones de personas que no están trabajando y que sí tenían empleo hace doce meses.

Creo que el sistema puede dar algo más. Contamos con las cuentas de los fondos de pensiones y creo que, con la debida salvaguarda, podrían ser utilizadas. Son, después de todo, ahorros, y los ahorros son para emergencias e imprevistos.

Hay distintas propuestas para hacerlo responsablemente, todas tienen que tener algún tipo de compensación, por ejemplo, que se dé lo equivalente a alargar la edad de jubilación por un año.

Este sistema no es muy distinto técnicamente de un préstamo que dé un banco. En primer lugar, quiero que la gente pueda retirar el dinero de su jubilación por anticipado, exento de costes, sin el castigo por retiro temprano, con los mismos criterios que se aplican a los autopréstamos, esto lo tomará simplemente la gente que realmente lo necesita.

En segundo lugar, hay gente que ha acumulado mucho y que se le podría permitir retirar el exceso que tiene.

En tercer lugar, un préstamo con cargo a la cuenta individual de las personas. Todo ello, de acuerdo a los siguientes criterios:

Se trata de un autopréstamo de última instancia, es para gente que no tiene ingreso familiar de emergencia, que no está sujeta a la ley de protección del empleo, y que no tiene seguro de desempleo, gente que ni siquiera está reflejada en la ley de honorarios. Para poder avanzar en esto, es indispensable tener un mapa de la población que ha pedido ayuda. A mí se me ocurre con esto, que el grupo de beneficiarios se achicaría bastante.

Además, tenga en cuenta que cualquier persona que desee favorecerse de dicha ayuda, tiene que inscribirse en el registro social de hogares. Eso permite cruzar los datos de pensiones, trabajo e ingresos, gracias a lo cual, este crédito podrá ser devuelto a la misma cuenta.

Como tercera y última condición: debe ser un apoyo gradual en el tiempo, no estoy hablando de sacar el dinero de una, sino que tiene que ser similar a los otros programas de apoyo. Se podría hacer fijando un techo, por ejemplo, 10% del fondo. Lo mejor de todo es que la recuperación del préstamo es automática, a través del pago de impuestos.

MUJER

Si todos estuviéramos resfriados, y todos tomásemos antibióticos, claro, podría ser bueno a corto plazo, pero de sobra sabemos que tiene costes a medio y largo plazo. La herramienta que se está proponiendo es de demasiado amplio espectro, y por lo tanto, peligrosa por varias razones.

Si hoy estamos discutiendo sobre el retiro de fondos es porque, más allá de si son suficientes los 12.000 millones de dólares o no, que yo creo que sí lo son, el problema es que no los estamos gastando. Escúcheme con atención, el auténtico problema reside en que la mejora del seguro de cese de la actividad laboral, que es central para aumentar las tasas de reemplazo de las personas que perdieron su paga hace dos o tres meses, no es ley todavía. Entiendo las demoras que hay en los procesos, pero haría un llamamiento muy fuerte a decir que el arsenal que hemos armado, no está desplegado todavía. Lo más urgente ahora mismo es implementarlo, más que discutir cómo agrandarlo.

El uso de los fondos de pensiones para financiar la pérdida de ingresos durante la crisis no es una buena idea. No solamente profundiza el problema que tenemos en materia de pensiones, sino que abre la puerta a una práctica que es compleja desde el punto de vista del medio plazo y, créame usted, le aseguro que no va a ser fácil de cerrar luego esa puerta.

Suena de locos el que estemos hablando por un lado de una reforma para aumentar las pensiones, y por otra parte, de la posibilidad de retiro de fondos, aunque sea un préstamo. Creo que hay un problema de coherencia al respecto.

Tampoco creo que esta sea la última crisis a la que nos enfrentemos, de hecho, esta misma crisis podría durar mucho, si hoy día abrimos esa puerta, ¿qué impide que en 6 u 8 meses más, cuando el desempleo siga probablemente alto, no la vayamos a abrir de nuevo? ¿Quién nos garantiza que no habrá una enorme presión social por abrirla de nuevo?

Las opciones que se han planteado son regresivas, y además, no necesariamente van dirigidas a aquellas personas que más lo necesitan. Lo que aquí se está haciendo, es abriendo lo que se llama el uso político de los fondos de pensiones. Hablar de un préstamo con cargo a los fondos de pensiones de las personas, es proponerle a gente que ya está endeudada, que se siga endeudando aún más.

Adaptado de: www.latercera.com

TAREA 6

Soluciones: 47b, 48c, 49c, 50a, 51b, 52a.

Transcripción:

Hoy tenemos el placer de conversar con Alejandro Pérez, doctor en derecho penal. El tiempo apremia y el tema me parece realmente interesante, así que vayamos directamente al grano. Doctor, ¿existen alternativas a la realidad actual del sistema penal?

Buenos días. Lo que me parece fundamental es que tenemos que hacer una especie de cambio cultural, y esto no es simple. Hay que encontrar alternativas para pensar la intervención jurídica en materia penal a través de otros métodos. Las actuales teorías de la pena constituyen verdaderos obstáculos normativos y culturales para una transformación del derecho penal. En otras palabras, cada vez que haya algún conflicto el legislador, el juez, el fiscal, el abogado o el policía deberá buscar otra forma de resolver el problema. Me refiero a que exista otro tipo de proceso, uno que pueda aceptar la mediación, la composición entre las partes, reparación, etc. Que solo pueda aplicarse la pena de prisión si no hay otra opción posible.

¿Cuáles serían algunas pautas para desarrollar esa nueva teoría?

No creo que haya solo una manera. Tenemos que crear un espacio en los códigos penales para las alternativas. El problema actual es que no hay una valorización de estas alternativas. Por ejemplo, imaginemos a un juez que pueda terminar un proceso con un acuerdo entre las partes, y de esta forma ha habido una decisión jurídica que ha regulado el problema, pero no en el sentido de "pena" popular sino en un sentido de "intervención jurídica".

En los años 70 hicimos una crítica a la teoría de la readaptación. Se comenzó a decir que era mejor hacer la readaptación fuera que dentro, y ya que la prisión no estaba dando los resultados oficiales esperados, y la rehabilitación no se daba en ningún caso, se comenzó a proponer otras cosas como la libertad condicional para reducir el impacto de la cárcel.

¿Qué lo lleva a tener optimismo respecto a que se realice este cambio?

No sé si es una cuestión de optimismo. Yo pienso que debo contribuir a la construcción de un mundo mejor. ¿Qué puedo hacer para lograrlo? Cuidado, es distinto decir que debo luchar por esto a asegurar que esto va a ocurrir inmediatamente. Nadie puede decir en qué momento va a suceder. De hecho, dudo que yo lo alcance a ver. Creo que la tarea es tan grande que va a ser una misión de las nuevas generaciones, más que de mi propia generación.

Entonces lo que hago ahora no es tanto para ver todo transformado, sino para dar el mensaje a la nueva generación de estudiantes de derecho y criminólogos de que tenemos que tener una imaginación creativa.

¿Qué ha hecho usted exactamente?

Yo me he ocupado de pensar más en una transformación interna del derecho penal, porque la mayor parte de los pensamientos y de las proposiciones que existen ahora, y que son buenas, se centran más bien en encontrar otro tipo de soluciones. Veo a un gran número de juristas, de jueces, de fiscales y de abogados preocupados por cambiar el derecho penal, pero están concentrando sus esfuerzos únicamente en aumentar las garantías del proceso. Cuando se les pregunta a estos juristas cuál es la teoría de la pena que tienen, sigue siendo la misma. ¿Cómo es que quieren cambiar usando la misma teoría que está causando el problema?

¿Cuál es la función del derecho penal desde su punto de vista?

Para mí la función del derecho penal es afirmar los valores de manera positiva y concreta. Para afirmar el valor de una norma, el perdón afirma, la conciliación afirma. Porque el derecho civil también tiene esta meta. Para mí, la función del derecho penal no es distinta a la del conjunto del sistema jurídico.

Debemos tener medios distintos para situaciones abstractas, que son muchas veces más complejas que las del derecho civil. Si usted se enfrenta a un problema de violencia extrema, actos terroristas, bombas, asesinos en serie, algunos casos de homicidio, etc. Bueno, son problemas específicos que, en algunos casos, pueden exigir la autorización de punir, al menos de neutralizar temporalmente a este individuo. Estas teorías tradicionales como la neutralización, no desaparecerían completamente, pueden desaparecer como teorías mayores y se aplicarán solo en pequeños casos particulares. No van a evaporarse, sino que dejarán de ser la única solución para tener un derecho más rico y más justo, apto para tratar problemas complejos.

¿Cree que el derecho penal de ahora pone todos los conflictos al mismo nivel?

El derecho penal pone los conflictos a un mismo nivel porque tiene muy pocos instrumentos. Permítame que le ponga un ejemplo muy simple: es como si usted tuviese dos herramientas solamente y yo le mandase a construir un avión supersónico, y bueno…, tendría límites en lo que podría hacer con ellas.

Muchas gracias por su tiempo, muy a mi pesar, debemos concluir la entrevista, espero volver a charlar con usted sobre este tema pronto.

Adaptado de: www.derechopenalonline.com

PRUEBA 2
DESTREZAS INTEGRADAS: COMPRENSIÓN AUDITIVA Y EXPRESIÓN E INTERACCIÓN ESCRITAS

TAREA 1

Transcripción:

Mi antigua empresa cerró de un día para otro así que, en un atisbo de madurez, decidí mandar mi currículum a cualquier trabajo que pagara más de 1200 euros.

Una mañana de resaca, recibí una llamada de una compañía multinacional de seguros que necesitaba gente para el departamento de Asistencia en Carretera. Todo eso me importaba más bien poco: lo bueno que pagaban bien. Una vez contratado, lo primero que hice fue preguntar por el horario nocturno.

Ya en mi anterior trabajo descubrí la existencia de este maravilloso turno donde hay menos carga de trabajo y se cobra más. Así que me fijé como objetivo a largo plazo acabar entre los privilegiados que formaban parte de dicha guardia nocturna. Dos años después, mi guardia comenzó.

Lo primero que hice, como buen hipocondríaco, fue mirar las posibilidades de efectos adversos a la salud. El primer dato: ningún médico recomienda dicho trabajo. En resumen, es tan jodido para el cuerpo que no hay manera de hacerlo sano. Ni durmiendo en una cámara aislada de ruido y luz, ni siguiendo una dieta milagrosa, ni cambiando tus horarios de manera estricta... Tu cuerpo no es tonto y sabe que lo estás machacando con eso de dormir de día. Son tantos los efectos adversos para la salud que los profesionales se refieren a este turno como un mal necesario. Ni los jugosos sueldos que se ofrecen, la jubilación anticipada que puedes obtener sacrificando tus horas de sueño lo compensan, según dicen los mismos médicos.

Todo esto suena muy mal, pero al fin y al cabo soy asmático y fumador, y ya hasta el tocino es cancerígeno, así que me olvidé de todo rápidamente cuando me dijeron mi nuevo sueldo y mis horarios. Básicamente trabajaría semanas alternas, lo que hace aproximadamente 15 días de trabajo y 15 días libres, más vacaciones. Y claro, como en todos los trabajos, iba a ser "temporal". Pero el año o dos planeados se convirtieron en cinco y pude experimentar todos los efectos nefastos en mis carnes.

Pasé de no haber tomado jamás una baja laboral a casi encadenarlas, de ser la persona más estable mentalmente del mundo a acabar llorando porque ese día estaba demasiado soleado y bonito o enfermarme tres veces en menos de un mes en pleno verano.

Probablemente, el reflejo de mi futuro estaba en uno de los compañeros que en ese momento negociaba su despido tras nueve años de trabajo nocturno. Una persona en los huesos, con una acusada paranoia y brotes de locura que rozaban la psicosis. Por aquel entonces militaba en el sindicato de la compañía y me tocó acompañarlo a dicha negociación, esa fue la primera vez que coincidí con el güey de recursos humanos: "Este tipo está muy jodido". Asentí.

Aparte de todas estas horribles secuelas a largo plazo, el turno nocturno tiene un hándicap inmediato que se convierte en tu enemigo constante: tu ritmo cardiaco. Básicamente intentas engañar a tu cuerpo cada semana: una de ellas le dices que la noche se duerme, y cuando se lo cree, le dices "Oye, ¡era broma, hay que dormir en el día!". Y tu cuerpo se enoja bastante con eso. Estos cambios, que cada año cuestan más, hacen que tu "semana libre" se convierta en un tiempo en el que intentas llevar una vida normal mientras tu cuerpo decide que despertarte a la una de la madrugada o tras tres horas de sueño es genial. Ya que, pobre, está tan confundido que no sabe qué chingados hacer contigo. Esto te imposibilita tener cualquier tipo de rutina normal, y hace que estés tan cansado de dormir tan mal y poco, que te la pasas el día prácticamente como un zombi, pero de los de verdad.

Adaptado de: www.vice.com

VOCABULARIO Y MODELO 2

1. 1 tabique, 2 cuchitril, 3 desván, 4 azulejo, 5 impoluto, 6 felpudo, 7 trapicheo, 8 remiendo, 9 atuendo, 10 bragueta.

2. 1 brinde, 2 sintonizara / sintonizase, 3 hubiera expropiado / hubiese expropiado, 4 captará, 5 maquetaría, 6 desarticular, 7 desembolsen, 8 auxiliar, 9 emprendan, 10 pulieran / puliesen.

PRUEBA 1
USO DE LA LENGUA, COMPRENSIÓN DE LECTURA Y COMPRENSIÓN AUDITIVA

TAREA 1
1a, 2c, 3a, 4c, 5b, 6a, 7c, 8b, 9a, 10b, 11a, 12c.

TAREA 2
13b, 14e, 15a, 16g, 17c, 18f.

TAREA 3
19f, 20d, 21a, 22e, 23c, 24b, 25d, 26e.

TAREA 4
Soluciones: 27b, 28d, 29g, 30j, 31k.
Transcripción:
Ribera ha detallado a los representantes territoriales los criterios para la distribución de los recursos previstos en el Plan de Recuperación, Transformación y Resiliencia en materia de saneamiento y depuración, gestión de residuos y conservación de la biodiversidad y los criterios seguidos para su reparto y territorialización.

El objetivo de este plan es habilitar fondos para que las comunidades autónomas puedan llevar a cabo inversiones en saneamiento y depuración en aglomeraciones urbanas comprendidas entre los 2.000 y los 5.000 habitantes, que no cumplan con los requisitos establecidos en la Directiva sobre tratamiento de aguas residuales urbanas y, por tanto, se encuentran en procedimientos de infracción o no conformes con la Directiva.

Se podrán acoger a esta subvención aquellas actuaciones que no estén declaradas de interés general del Estado, es decir, que la competencia sobre las infraestructuras sea autonómica o municipal, salvo que mediante protocolo o convenio con la Administración General del Estado, las comunidades autónomas o entidades locales hayan asumido la ejecución de actuaciones de interés general, en cuyo caso, sí podrán ser financiadas con cargo a esta subvención.

La vicepresidenta Ribera ha explicado los criterios para la distribución regional de estas ayudas, que en todos los casos deben asegurar el cumplimiento de la directiva, la innovación tecnológica y contribuir a los objetivos del reto demográfico.

En la reunión también se han abordado las bases para la territorialización de las subvenciones dirigidas a financiar inversiones en materia de gestión de residuos. El importe total de las inversiones en materia de residuos asciende a 421,12 millones de euros. Otras líneas de financiación del Plan de Recuperación, dedicadas a la introducción de la Economía Circular en la empresa, serán objeto de futuras convocatorias.

Los criterios para el reparto territorial de estas cantidades tienen en cuenta la generación de residuos municipales, la distancia de cada Comunidad Autónoma respecto al objetivo de preparación para la reutilización y el reciclado para 2025, así como su densidad de población.

Las ayudas se destinarán a proyectos en cuatro grandes líneas de actuación, que son las que fueron identificadas para España por la Comisión Europea en junio de 2019 como necesarias para cumplir con los retos comunitarios en materia de residuos municipales y de envases:

Implantación de nuevas recogidas separadas, especialmente biorresiduos, y mejora de las existentes.

Construcción de nuevas instalaciones de preparación para la reutilización y el reciclado de otros flujos de residuos recogidos separadamente.

Inversiones relativas a instalaciones de recogida (como puntos limpios), así como la mejora de las plantas de tratamiento mecánico-biológico existentes.

Las comunidades autónomas deberán distribuir el dinero que se les asigne entre estas cuatro líneas manteniendo los porcentajes de distribución, si bien contarán con ciertas flexibilidades. Dispondrán de un plazo máximo de quince meses desde la aprobación del acuerdo de Consejo de Ministros para aprobar las convocatorias autonómicas de concesión de las ayudas y proceder a su adjudicación.

Asimismo, Teresa Ribera ha avanzado los criterios de reparto de fondos para inversiones previstas en el componente de conservación y restauración de ecosistemas y su biodiversidad del Plan de Recuperación, Transformación y Resiliencia. Si bien aún hay cuestiones pendientes para la configuración final de este fondo, se está trabajando con las comunidades autónomas para ir avanzando en los proyectos susceptibles de optar a estas inversiones, que para este 2021 ascienden a 601 millones de euros, de los 1.167 contemplados hasta 2023.

Se contemplan inversiones de 60 millones de euros para actuaciones de corrección de tendidos eléctricos en prevención de electrocuciones de aves; otros 130.5 millones de euros dedicados a la recuperación de zonas afectadas por la minería, y 550 millones para actuaciones de infraestructura verde y restauración, recuperación de especies y ecosistemas, actuaciones forestales, biodiversidad urbana, etc.

Ya al margen de todo esto, en la reunión se ha informado sobre el establecimiento de las medidas necesarias para prevenir y reducir la contaminación de las aguas tanto superficiales como subterráneas, causada por los nitratos procedentes de fuentes agrarias, y actuar preventivamente contra nuevas contaminaciones de esa clase.

Asimismo, se ha informado de una nueva convocatoria del Plan de Impulso al Medio Ambiente (PIMA), dotada con 8,3 millones de euros procedentes de subastas de derechos de emisión, a celebrar con cargo a los recientemente aprobados Presupuestos Generales del Estado de 2021.

El PIMA actúa en el ámbito de los bosques, pastos y sistemas agrarios. El objetivo es el diseño de medidas que consideren de manera conjunta la mitigación del cambio climático y la adaptación a sus efectos, de manera que ambas vertientes se refuercen mutuamente, logren eficiencias sinérgicas, maximicen el uso de recursos limitados y minimicen cualquier conflicto potencial.

Adaptado de: www.lamoncloa.gob.es

TAREA 5

Soluciones: 32 b, 33 c, 34 a, 35 a, 36 c, 37 b, 38 c, 39 b, 40 a, 41 b, 42 c, 43 a, 44 b, 45 c, 46 a.

Transcripción:

HOMBRE

La Asociación Médica Mundial condena sin rodeos la participación de médicos en estas acciones, por considerarlas contrarias a los objetivos de la medicina. En su reciente declaración sobre Eutanasia y Suicidio Médicamente Asistido, señala que ningún médico puede ser obligado a participar en estas prácticas. Esta negativa a la participación de médicos en la muerte asistida es compartida por numerosas asociaciones médicas, entre las cuales se encuentra el COLMED, cuyo Código de Ética señala: "El médico no podrá realizar acciones cuyo objetivo directo sea poner fin a la vida de un paciente bajo consideración alguna".

Para comprender esta negativa, es necesario recordar que la labor primordial de los médicos ha sido siempre la de ayudar a los pacientes y aliviar su sufrimiento, por lo que provocarles la muerte suele ser considerado un fracaso de la medicina. Quienes argumentamos en contra de la participación del médico en la eutanasia señalamos que el sentimiento de compasión nunca puede llegar a ser tan fuerte como para justificar estas acciones. La medicina ha logrado proveer a los pacientes de recursos eficaces para mitigar su sufrimiento que, sumados al desarrollo de los cuidados paliativos, permiten un abordaje integral del paciente y de su situación vital, sin perder de vista que existen aspectos personales, familiares, sociales o de orden espiritual, que van más allá de la responsabilidad del médico. Concordante con este pensamiento, si el médico participara acelerando la muerte de sus pacientes, actuaría solamente como un ejecutor de una muerte provocada por una sociedad incapaz de proporcionarles ayuda y alivio verdaderos.

Asimismo, quienes nos oponemos a la participación del médico en estas prácticas, aludimos a que estas acciones no se encuentran comprendidas entre los fines de la medicina. Se cree que esto podría erosionar la relación de confianza que debe existir entre el paciente y su médico, al asumir este el doble propósito de proveer salud y, excepcionalmente, de ocasionar la muerte.

Un tema menos abordado se refiere a la carga emocional que enfrentan los médicos al realizar el procedimiento. Como bien lo ejemplifica un estudio holandés sobre las opiniones de médicos que participan en muertes asistidas: la persona que ayuda al paciente a morir tiene que seguir adelante con su vida, no el paciente. En este sentido, muchos médicos señalan sentirse presionados cuando reciben una solicitud de eutanasia y les cuesta encarar la carga emocional y la responsabilidad profesional de tener que tomar la decisión de aceptar o no dicha solicitud.

MUJER

Los fines de la medicina deben responder a un contrato social que atienda a los intereses de los pacientes y no a una supuesta moralidad propia de aquella, que se vería refutada por la variabilidad existente entre sus códigos deontológicos en diferentes épocas y culturas. Un sondeo de opinión realizado el 2019 en Chile, el cual fue enviado a 24.000 médicos colegiados mostró que el 59% estaba dispuesto a administrar una droga letal a un paciente adulto competente que lo solicitase, si cumplía con requisitos bien estrictos. La eutanasia es beneficiosa en aquellos casos en que el sufrimiento ocasionado por la enfermedad se torna intolerable, incluso contando con acceso a los mejores cuidados paliativos. En la mayoría de estos escenarios, los pacientes esperan la asistencia de un profesional médico, generando una tensión entre las expectativas de la comunidad respecto de la disposición del médico a atender aquella solicitud y la postura de las asociaciones médicas. En aquellos países donde es legal la muerte asistida, se han establecido criterios específicos y una serie de procedimientos para garantizar una buena práctica. En Holanda se exige que se incluya el criterio de proporcionar el cuidado debido, lo que significa que la petición sea voluntaria, esté bien informada, sea reiterada en el tiempo, que el paciente se encuentre con un sufrimiento intratable e insoportable, que no haya otro medio de solucionar su situación, que esté atestiguado al menos por otro médico independiente y que el procedimiento de poner fin a la vida sea médicamente adecuado.

Las sustancias que se administran deben asegurar que la muerte se produzca de una manera adecuada, sin ocasionar dolor ni otros síntomas, siendo el médico quien puede enfrentar de manera más competente eventuales complicaciones. Al defender la muerte asistida aludimos al principio de "no abandono", pues el médico, que ha seguido de cerca a su paciente durante el transcurso de su enfermedad, debe atender a su solicitud en caso de sufrimiento, entendiendo la muerte como un alivio y parte del cuidado integral al fin de la vida. Una eutanasia que sigue fielmente los requisitos considerados por la ley, y que respeta los deseos y valores de las personas, es considerada como un acto profesional y compasivo.

Son las diferencias en las valoraciones de la sociedad, las que finalmente motivan los cambios. En aquellos países en que se ha legalizado la eutanasia, nunca un médico es obligado a realizar el procedimiento, respetando así su derecho a invocar objeción de conciencia.

Temas relacionados con diagnóstico, pronóstico y alternativas terapéuticas son claramente de resorte médico. En cambio, temas espirituales y de manejo del sufrimiento, pueden ser mejor abordados por otros profesionales.

Adaptado de: www.scielo.conicyt.cl

TAREA 6

Soluciones: 47c, 48a, 49b, 50a, 51b, 52b.

Transcripción:

¿Qué te llevó a iniciar este proyecto de la "Lanzadera Deportiva" para el deporte adaptado?

Hay demasiadas barreras sociales que nos separan a los unos de los otros y, cuando se tiene una forma diferente de funcionar, aún más. Yo creo que el cambio de mentalidad fue cuando me acerqué a una chica en una pizzería y traté de explicarle mi proyecto, sin estar ella vinculada con el deporte adaptado fue difícil. Esta persona 2 años después asistió con la selección española a las paralimpiadas de Rio de Janeiro.

Lanzadera Deportiva es solo la idea de que en cualquier lugar podemos encontrar a alguien que pueda creer por medio del deporte adaptado o inclusivo, es la esencia de captar a más personas y decirles "hay un lugar para ti, puedes experimentar mil cosas practicando deporte, y no importa que sea a niveles paralímpicos o en tu barrio". Lanzadera Deportiva es una plataforma de ayuda, porque se centra en la inclusión y porque, sencillamente, es una herramienta muy útil para la diversidad.

¿Cuál es su objetivo?

No suelo poner límite en mis proyectos. No tengo un objetivo a largo plazo porque el objetivo real de este programa es que personas que no saben que pueden hacer práctica deportiva tengan un lugar, unos profesionales y una familia deportiva. Te puedo decir que sí me gustaría que esto creciera. Ojalá el día de mañana el proyecto se mantenga, estamos en una fase inicial que ya pide demanda de personal y de recursos. Uno de los grandes objetivos de este proyecto es la creación de club adaptados y de crear ramas inclusivas en los club normalizados y de esa forma se consigue el trato igualitario sea cual sea la diversidad, para eso se necesita mucha ayuda a nivel de difusión y a nivel humano. Lanzadera Deportiva en un futuro, me gustaría que fuera una herramienta solvente de ayuda ya no solo a nivel de asesoramiento, también a nivel humano y una de las cosas más importantes a nivel de recursos y de material.

En estos apenas tres meses de vida de la Lanzadera Deportiva, ¿Cuáles han sido los resultados?

Cuando se empieza un proyecto así siempre hay miedo. Este miedo desapareció en la primera semana de difusión de la Lanzadera. En estos meses hemos hecho multitud de convenios con asociaciones específicas para la práctica deportiva, hemos captado un número aproximado de 15 nuevos usuarios que quieren empezar a tener una vida deportiva, hemos podido crear vínculos con los clubes de la provincia de Alicante para poder trabajar juntos con los usuarios que vayan llegando. Aunque desborda, estoy muy contento de cómo va todo.

¿Qué beneficios le puede aportar la práctica deportiva a una persona con diversidad funcional?

A nivel personal la práctica deportiva refuerza muchos aspectos del carácter y la personalidad del usuario que lo practica, esto se multiplica en la diversidad funcional porque el esfuerzo es doble y la superación es triple.

La mejora física, el cambio de concepto, la socialización con personas del mismo ámbito, viajar, competir, concentrarse, saber perder, saber ganar, llevar todo esto a la vida diaria, ser un ejemplo para los demás... El beneficio final es la inclusión y la satisfacción en muchos aspectos de la persona. Personas que llegan al límite de su funcionalidad, deportistas profesionales que por medio del deporte adaptado salen a flote tras sufrir un accidente grave, felicidad, ilusión... podría contaros mil cosas que he visto y experimentado en estos años, el deporte es, sencillamente, una herramienta para la felicidad.

¿Qué le dirías a aquellas personas, ya tengan diversidad funcional o no, que ven el deporte adaptado como mera actividad recreativa?

El deporte adaptado es como todo tipo de deporte, puede ser una actividad de ocio y recreativa, pero también lo tenemos en alto rendimiento y competición. Muchas veces vemos por la tele noticias erróneas, el deporte adaptado, como cualquier otro deporte, está regido por unas reglas aprobadas a nivel nacional e internacional. Es mucho más parecido al deporte ordinario de lo que la gente cree. Debido a su complejidad, hay reglamento para casi todo, desde una regulación a nivel físico hasta la altura de las prótesis de amputados en atletismo. Yo invitaría a todas esas personas que tengan curiosidad a que vengan a ver competiciones de los distintos clubes que tenemos en la provincia y su percepción cambiará completamente.

¿Y qué puedes comentar sobre el personal de apoyo del deporte adaptado?

Hoy día, tenemos mucha falta de técnicos, voluntarios, auxiliares, personas que simplemente quieren experimentar algo nuevo y diferente. A todas esas personas les diría:

¡Hola!, no tengo diversidad funcional, pero el deporte adaptado ha cambiado mi vida, nunca pensé en ello como algo que sería tan importante pero una cosa llevó a la otra y, al final, forma y formará parte de mi vida siempre. He aprendido mucho: a no ver una silla de ruedas como un problema, a competir, a entrenar, a emocionarme, a gritar de rabia y a llorar. Es increíble la motivación que aporta tener un espejo en los deportistas cuando mis fuerzas flaquean y las de ellos no. A todas aquellas personas que queráis vivir y sentir por medio del deporte, os diría que somos pocos, pero buenos, que somos pobres pero alegres y que, sobre todo, somos una familia que está creciendo y que necesita más integrantes, sea con diversidad o no.

Adaptado de: www.fundacionjuanperanpikolinos.org

PRUEBA 2
DESTREZAS INTEGRADAS: COMPRENSIÓN AUDITIVA Y EXPRESIÓN E INTERACCIÓN ESCRITAS

TAREA 1

Transcripción:

SpaceX pretende lanzar su primera misión de carga a Marte en 2022 y enviar seres humanos hacia el planeta rojo solo dos años después de esa primera misión. Este es el calendario del actual plan de colonización de Marte de esta compañía, divulgado por su fundador y director ejecutivo, Elon Musk, este viernes durante el Congreso Internacional de Astronáutica que se celebra en Australia. La charla de Musk ha servido para actualizar la hoja de ruta que el empresario multimillonario desveló en el congreso del año pasado en Guadalajara, México. En esa presentación anterior introdujo un enorme y reutilizable cohete espacial combinado llamado el Sistema de Transporte Interplanetario, que según Musk ayudaría a establecer una colonia de millones de personas en Marte en un plazo de 50 a 100 años. Como Musk lo describió el año pasado, el propulsor del cohete, de aproximadamente 12 metros de diámetro, contaría con 42 motores. Lanzaría la nave espacial a la órbita terrestre, luego volvería a su plataforma y daría apoyo a otro vuelo espacial de forma rápida. Las naves espaciales, mientras tanto, serían alimentadas en órbita por naves de aprovisionamiento. La ventana de lanzamiento hacia Marte se produce cada 26 meses. Una sola nave sería capaz de transportar alrededor de 100 personas al planeta rojo; después de aterrizar allí y descargar su carga y pasajeros, las naves reabastecerían sus tanques de combustible en la superficie marciana y luego volverían a la Tierra.

El nuevo plan conserva esta misma idea básica, pero con algunos ajustes importantes. Por ejemplo, el cohete se ha reducido un poco; ahora será de unos 9 metros de diámetro. Pero el cambio más importante tiene que ver con la viabilidad económica del sistema. "En la presentación del año pasado, estábamos realmente buscando el camino adecuado, ¿cómo pagamos esto?", ha dicho Musk. La respuesta radica en reducir un poco el sistema y utilizarlo para todo lo que hace SpaceX, desde lanzamientos de satélites, pasando por vuelos de reabastecimiento de la Estación Espacial Internacional, hasta misiones tripuladas a Marte. "Creemos que podemos hacer esto con los ingresos que recibimos por el lanzamiento de satélites y por el mantenimiento de la estación espacial".

Según algunos expertos presentes en el Congreso de Aeronáutica, los planes de Musk no son imposibles. "Parece que el núcleo de la nueva aproximación de Musk es reutilizar y reciclar. La ciencia necesaria es realista", apuntó Charley Lineweaver, profesor asociado de ciencias de la Tierra en la Universidad Nacional Australiana. "La parte no realista -la que nos retiene- siempre ha sido encontrar la voluntad política para invertir en el espacio". "El plazo es ambicioso, pero no parece imposible". Como se prevé actualmente, el nuevo sistema tendrá una altura de 106 metros y será capaz de enviar 150 toneladas a baja órbita terrestre, lo que lo hace más poderoso que el famoso cohete de la NASA Saturno V, que alcanzó las 135 toneladas. La nave espacial incluirá 40 cabinas de pasajeros, cada una de las cuales podrá en teoría acomodar a cinco o seis personas, pero probablemente acomodará dos o tres, ha precisado Musk. Así que cada nave probablemente llevará alrededor de 100 pasajeros en un viaje a Marte. Las naves disponen de seis motores Raptor, lo que debería permitirles llegar a Marte en menos de seis meses. La compañía tiene como objetivo lanzar al menos dos naves no tripuladas a Marte en 2022, principalmente para confirmar la existencia de los recursos necesarios y establecer la infraestructura para futuras misiones, por ejemplo, sistemas de energía, minería y soporte vital. Si todo va según lo planeado, dos naves de carga y dos con tripulantes partirán hacia el Planeta Rojo en 2024 para instalar la planta de producción y comenzar a construir una base en serio. Esta ciudad seguirá creciendo y creciendo, a medida que más y más naves lleguen con colonos y suministros. El objetivo a largo plazo es "terraformar Marte y hacer que sea realmente un lugar agradable para estar".

Adaptado de: www.elmundo.es

VOCABULARIO Y MODELO 3

1. 1 tumor, 2 pernicioso, 3 cardenal, 4 pocho, 5 sedante, 6 pulcro, 7 tez, 8 macuto, 9 abrupto, 10 alud.

2. 1 encalló, 2 asfalten, 3 padezcan, 4 supuraba, 5 erigirse, 6 se bifurque, 7 acicale, 8 zarpó, 9 despeñándose, 10 rasgó.

PRUEBA 1
USO DE LA LENGUA, COMPRENSIÓN DE LECTURA Y COMPRENSIÓN AUDITIVA

TAREA 1
1b, 2a, 3c, 4c, 5b, 6a, 7a, 8b, 9c, 10b, 11a, 12c.

TAREA 2
13b, 14f, 15d, 16a, 17g, 18c.

TAREA 3
19e, 20c, 21a, 22f, 23d, 24b, 25a, 26f.

TAREA 4
Soluciones: 27c, 28e, 29h, 30j, 31l.
Transcripción:

Al hablar de ética y globalización no podemos obviar la fuerte conexión que existe entre la noción de desarrollo y la de globalización. Podemos considerar que el fenómeno de la globalización es un producto ocasionado por la aventura histórica de los países llamados "desarrollados" y que el proyecto de la globalización consiste en llevar a cabo un desarrollo federalizado. Pero en primer lugar realizaré la crítica ética de la noción misma de desarrollo y después veremos si existe un camino para la integración ética.

Debemos saber que no existe ningún tratado ético posible si pensamos que el concepto de desarrollo tiene como núcleo una noción ética y económica. Es una idea que contiene en sí mismo, los conceptos de utilitarismo y de cualidad. ¿Qué significa esto? Que si nos limitamos a este tipo de visión, caeremos, en consecuencia, en la ignorancia de los rasgos no utilitarios de la vida humana: amor, pasión, honor, ludismo, y de todas sus cualidades.

Digamos entonces que existe en el interior de la noción de desarrollo, la única visión del "hommo economicus" y no la realidad del hombre complejo con todos sus rasgos. En esta complejidad es donde coexiste el sentido del valor y de la calidad poética de la vida. Pero eso no basta. Hay un carácter anti-ético en el concepto y en el movimiento histórico del desarrollo. ¿Por qué? Porque en las sociedades llamadas "desarrolladas" podemos ver la desintegración de las solidaridades tradicionales de la gran familia, del barrio, de las comunidades y la desaparición de las solidaridades concretas entre personas que no pueden ser reemplazadas por las ayudas burocráticas y las solidaridades que necesitan dinero para comprarse. Las megalópolis están en estado de desintegración del tejido social; en la mentalidad de la gente y sobre todo en la de los jóvenes, no existe la idea de sentido cívico como algo innato de la sociedad común.

Otra razón: el desarrollo es, al mismo tiempo, desarrollo del individualismo; algo muy bueno ya que el individualismo significa autonomía individual, pero hay también desarrollo del individualismo egocéntrico donde las agresividades individuales, el mercado, el provecho, amplifican este egocentrismo con la sed permanente de más y más consumo, lo que produce una desintegración ética. Sabemos también de la desintegración de una de las virtudes heredadas de civilizaciones antiguas y que se arraigó en las civilizaciones tradicionales: la hospitalidad, la recepción del otro, del extranjero.

Finalmente, las especializaciones en todos los sectores económicos del trabajo y del pensamiento también, encierran a los seres humanos en actividades fragmentadas, aisladas y donde se pierde el sentido de la realidad común en la cual todos estamos incluidos. De este modo el sentido de la responsabilidad para los otros y para su comunidad, también se desintegra. No olvidemos, además que los motores del desarrollo en la ciencia, la técnica, la economía, el provecho están sin ningún control ético. Y Washington desarrolló la idea –muy útil y fundamental -, porque en los principios de la ciencia moderna occidental del siglo XVII hay una autonomía total de la ciencia frente a la política, a la ética, a la religión, digamos a la condición de desarrollo de la ciencia. Pero a mediados del siglo pasado, la ciencia desarrolló un poder tan grande sobre la sociedad, y peligros tan gigantes o de destrucción provenientes de la física nuclear o de la manipulación que pone en evidencia la falta de regulación ética. De la misma manera, la técnica y la economía no tienen control ético y este es el problema de nuestro porvenir planetario.

Pensemos también que las civilizaciones llamadas desarrolladas se encuentran hoy día en una profunda crisis, en una degradación de la calidad de vida, crisis económicas que no han desaparecido, y crisis ética de la cual ya hablamos. Hay una resurrección de la pobreza en los países ricos.

Además, desde el punto de vista económico podemos pensar que las crisis que se producen en varios lugares del planeta no se pueden considerar cada una como una excepción, como un accidente, cuando existe un problema crítico fundamental en el modo económico del mercado mundial, sin regulación hoy día.

Adaptado de: cbarra.webs.ull.es

TAREA 5

Soluciones: 32 A, 33 C, 34 B, 35 B, 36 A, 37 A, 38 C, 39 B, 40 B, 41 A, 42 B, 43 C, 44 A, 45 C, 46 B.
Transcripción:

HOMBRE

Mi nombre es Manuel. Soy profesor de Lenguaje, en un colegio particular de pago. En agosto cumplo 41 años ejerciendo docencia, enseñando Lenguaje y formando niños y jóvenes. Se entenderá, entonces, que el cambio, de la sala de clases al espacio virtual, ha sido un cambio radical, casi.

Mi historia es larga y diversa. Mis recursos pedagógicos han sido: la pizarra negra (después verde); el hectógrafo; el mimeógrafo; el papelógrafo; el retroproyector; el proyector de diapositivas; la pizarra interactiva; hasta que llegó la tecnología digital, para aventurarme con el Power Point, el Word y el Excel. A partir de marzo de este año, tuve que aprender en pocos días, y sucesivamente, a manejar el CLASSROOM, el MEET y ahora el ZOOM.

Afortunadamente, en mi vida de docente he asumido los cambios como un desafío y una oportunidad. Y aquí estoy, entregando mis saberes y mis experiencias a través de la distancia.

El colegio en el que me desempeño se ha organizado bien y hemos salido adelante. Tenemos un horario de clases bien definido; evaluamos el proceso mediante los ticket de salida, pruebas y trabajos diversos. De tal forma que se podría decir que la única diferencia entre la forma "tradicional" de hacer clases con la online, es la pantalla que nos une y nos separa, a docentes y estudiantes. Tremenda diferencia eso sí.

No he sido perjudicado en lo contractual, porque la institución ha seguido funcionando, con alguna merma en la matrícula… pero seguimos.

He sabido llevar adelante este proceso, recurriendo al espíritu de esperanza y flexibilidad que nos caracteriza a los maestros. Ello ha permitido el esfuerzo por inclinar la balanza hacia lo positivo en el quehacer cotidiano.

En vez de preocuparme de sentir que expongo la intimidad del hogar, valoro la oportunidad de permanecer más tiempo en casa con mi compañera. Paso mucho tiempo sentado frente a la pantalla; no obstante, dedico más tiempo también a disfrutar de mis hobbies: lectura, cine, series y descanso.

Añoro ver a mis estudiantes en el espacio real y cercanos; sin embargo, abrigo la esperanza de verlos pronto superando este tiempo aciago. No me siento estresado; a veces me canso por tanto tiempo sentado frente al pc, pero pienso que nada es perfecto. Además, me consuela el no tener que levantarme muy temprano para salir a luchar contra el tráfago de la ciudad.

En síntesis, he tratado de sobrellevar estos tiempos "raros", haciendo un buen trabajo; algo más creativo y, en lo fundamental, vivir amando más aquello que siempre he amado.

MUJER

He vaticinado dos sucesos importantes en mi vida: el terremoto de 2010, y en febrero del 2020 que este no sería un año más. Por supuesto, alguien dirá que esto era un elefante negro visible; elefante, curiosamente, no divisado por los cazadores furtivos. Aterricé en marzo, sin paracaídas. Nuevos "desafíos" pedagógicos, algunos de mi agrado; otros, me desconcertaron. No dije nada, pues estudié toda la Enseñanza Básica y Media en el Liceo donde trabajo, desde que egresé la carrera, este ha sido mi "hogar", o eso he querido creer. Iniciaba la primera semana de clases oficiales, y no comprendía mis funciones: clases de Lengua y Literatura, Argumentación y Participación en Democracia, Religión y apoyo al Departamento de Orientación. Segunda semana, y se anuncian los primeros casos confirmados de coronavirus, no hay preocupación: "lejanía", "invento para frenar el estallido social", "represión", risas, risas, risas...siempre hemos funcionado así.

Entre todo esto, el comentario gracioso de las recientes vacaciones, dos profesores visitaron Brasil, más risas. Luego de unos días, uno de ellos comienza a manifestar síntomas de resfriado. Le recomiendan ir al consultorio (institución que se encuentra literalmente pegada al Liceo), recreo, risas, no regresan. Por la tarde, el anuncio de suspensión de clases presenciales y brote de Covid en la ciudad. Hay noticias del profesor, tiene que esperar el resultado de las pruebas, advierten de que es un procedimiento doloroso.

¡No imaginábamos qué tan tormentoso sería todo esto!

Comenzó la modalidad online en un establecimiento sin recursos: estudiantes en un 90% en situación de vulnerabilidad, hasta entonces, invisibles para las autoridades. Profesores: desconcertados, ilusionados al inicio, abatidos, reinventados, vilipendiados. Lo peor no tarda en llegar: estudiantes pierden a familiares; funcionarios, también. Yo, en el limbo. Vivo con mi madre, quien ha sobrevivido a un cáncer, soltera y sin hijos, mi corazón ocupado por un novio a distancia.

Se organiza el Liceo, a paso lento. Vacaciones de invierno estresantes, cajas de mercadería insuficientes, entrega de material a cargo del Inspector General, apoderados que exigen, docentes flojos, flojos, flojos... la responsabilidad recae por completo en la educación o la falta de ella. Envío de información en la nueva plataforma: guías, lecturas, oraciones, tareas motivacionales, nuevo enfoque emocional, demasiadas reuniones vacías, dicen que vamos bien, pero no sé por qué pero no me lo creo. Agradezco tener pan, trabajo, madre, un medio amor y amistad; esto ha florecido en medio de todo esto, ya no deseo pronunciar "aquel nombre" porque el lenguaje crea realidades.

Estoy cansada, busco alivio en los libros, me sumerjo en la historia, es que las clases virtuales y la pobreza no se llevan bien. Escucho: "deberían volver", "profesores y alumnos", "profesores", "profesores", "profesores"... Yo, sigo en el limbo

Adaptados de: Relatos de docentes en cuarentena www.eduglobal.cl

TAREA 6

Soluciones: 47c, 48a, 49a, 50b, 51b, 52b.

Transcripción:

La palabra «emprender» está cada vez más de moda. Pero, ¿qué significa, en tu caso, ser una emprendedora?

Ser emprendedora significa dedicarte a aquello que te gusta y arriesgar por ello, pero siempre con los pies en el suelo y con toda la ilusión, ganas, trabajo y esfuerzo que puedas.

¿Cómo se empieza de cero? ¿Cuáles son los primeros pasos para ser emprendedor?

Lo primero que hay que tener es una idea clara sobre el proyecto: lo que quieres ofrecer, si hay mercado para ello... Después, debes asesorarte bien sobre cuáles son los pasos a seguir y todo el tema del papeleo, ayuntamientos, permisos, etcétera. Y, por supuesto hacer números, muchos números. Es importante no esperar que desde el principio todo vaya sobre ruedas, hay que ir salvando obstáculos y, sobre todo, no desmotivarse.

¿Por qué decides ser tu propia jefa? ¿Son mayores los pros o los contras?

Decidí montar la tienda sola porque tenía muy clara la idea de qué quería y cómo lo quería. Ser tu propia jefa tiene muchas ventajas. Tú te organizas sola para todo y decides. Pero también tiene un riesgo, y es que asumes también sola todos los errores. Ser tu propia jefa es una aventura y a veces da un poco de vértigo depender solo de ti. Pero sin duda hay más pros que contras.

¿Por qué el sector textil? ¿Qué te atrae de él?

Tengo una experiencia de más de 25 años en el sector textil desempeñando puestos de responsabilidad. Por ello creo que es el sector en el que mejor me muevo. Lo mejor es utilizar lo que aprendí en esos años y seguir aprendiendo con algún curso y las experiencias del día a día. Me atrae todo lo relacionado con el mundo de la moda y los complementos. La imagen es nuestra tarjeta de presentación y creo que es importante sentirnos cómodos con nuestra manera de vestir, sin tener que ir todos como clones de las mismas grandes marcas.

¿Cuál es la principal barrera que has encontrado en el camino?

Barrera como tal, ninguna. Hay mucho papeleo y permisos que arreglar que te llevan tiempo, pero son pequeñas piedrecitas que se van saltando. Ser emprendedora significa dedicarte a aquello que te gusta y arriesgar por ello.

¿Qué es lo que hace diferente a Muimony de otras tiendas de ropa?

Es una tienda muy cuidada en los detalles, con ropa pensada para diferentes estilos pero sin estridencias, donde una adolescente puede encontrar una sudadera para ir al instituto y su madre una blusa para ir a la oficina, por ejemplo. Además, la atención es personalizada y la idea es que el cliente se encuentre a gusto en su visita. He tratado en todo momento de ofrecer un trato cercano y hacer la tienda bonita.

El 3 de abril has cumplido 2 meses desde la apertura, ¿cuál es el balance?

El balance es positivo. Nos estamos dando a conocer poco a poco y ya hay clientes que repiten. Creo que es un trabajo a medio plazo y, personalmente, prefiero eso a un bombazo inicial que luego pase rápido. El boca a boca y que cada cliente que entre se vaya satisfecho con su compra es nuestro objetivo.

Emprender en moda. ¿Cuál es la estrategia de venta más importante en los comienzos?

Hay muchísima oferta en el textil, así que yo creo que trabajar con unos precios muy competitivos y reducir márgenes de beneficios es lo mejor. Sin duda darse a conocer también en redes sociales es importante.

¿Ser mujer te ha limitado o ayudado en algo?

Ni limitado, ni ayudado. Quizá en otros campos puede ser, pero no en el textil. O al menos yo nunca lo he sentido así.

¿Estás sola en este proyecto o te acompaña alguien?

Estoy sola así que toda la responsabilidad recae sobre mí.

¿Te gustaría poder ofrecer puestos de trabajo en un futuro cercano?

Sí, sí, por supuesto. Eso sería una señal de que el negocio marcha genial.

¿Qué consejo le darías a una persona que quiere emprender pero que no se atreve?

Que la dificultad está ahí, por supuesto. Pero si se tiene una idea clara, trabajada y muchas ganas e ilusión se puede conseguir. Hay que estar dispuesto a dedicar mucho tiempo y la jornada laboral no acaba nunca.

Hay que ir saltando pequeñas dificultades, ser muy resolutivo y no desanimarse por días no tan buenos... Pero sin duda no hay mayor gratificación que el trabajar en algo propio y que además te gusta. Cada uno sabe lo que está dispuesto a arriesgar para conseguir su sueño.

¿Podrías atraer a una clienta en 140 caracteres?

Acercaros a conocer Muimony, una tienda diferente, cuidada en los detalles, con la ropa que de verdad te gusta y con una atención cercana y personalizada donde te sentirás a gusto desde el momento que entres.

Adaptado de: www.blog.infoempleo.com

PRUEBA 2
DESTREZAS INTEGRADAS: COMPRENSIÓN AUDITIVA Y EXPRESIÓN E INTERACCIÓN ESCRITAS

TAREA 1

Transcripción:

Estuvo ahí toda la noche y todo el día. Y en la mañana nos dimos cuenta que habían mandado un bote de motor hacia nuestro barco. Obviamente me preocupé. Estábamos desarmados y los piratas están por todas partes en esas aguas. Pero no eran piratas, o al menos no en el sentido convencional. El bote llegó a nosotros y los malayos nos ofrecieron cinco bolsas de azúcar llenas de pescado. Era pescado bueno, grande, de todos los tipos. Algunos estaban frescos, pero algunos evidentemente habían estado en el sol por algún tiempo.

Les dijimos que no podíamos comer todo ese pescado, sólo éramos dos, sin lugar donde almacenar todo eso. Solo se encogieron de hombros y nos dijeron que los tiráramos por la borda. Que eso es lo iban a hacer de todas maneras.

Nos dijeron que esa solo era una pequeña fracción de la pesca del día. Que ellos solo estaban interesados en el atún y que para ellos todo lo demás era basura.

Pensé que los barcos como este están acabando con el océano poco a poco. Con razón el mar está muerto. Con razón las líneas con carnada no pescaron nada. No había nada qué pescar.

Cuando dejamos Japón, se sintió como si el mar estuviera en sí muerto. Casi no vimos cosas vivas. Vimos una ballena que estaba dando vueltas en la superficie con lo que parecía un gran tumor en su cabeza. En mi vida he recorrido muchas millas en el océano y estoy acostumbrado a ver tortugas, delfines, tiburones y grandes parvadas de aves de caza. Pero esta vez, por 3 mil millas náuticas no había nada vivo que ver.

En lugar de vida había basura en volúmenes impresionantes. Parte de esa basura eran los restos del tsunami que atacó a Japón hace un par de años. La gigantesca ola levantó una cantidad inconcebible de cosas y las llevó al mar. Y ahí siguen, en todas partes.

Encontramos nudos gigantes de cuerda sintética, hilo de pescar, redes y millones de pedazos de espuma de polietileno; manchas de petróleo y aceite; postes de luz con todo y cables que fueron arrancados por el tsunami; botellas de refresco; contenedores gigantes flotando en la superficie; una chimenea de una fábrica y muchas más cosas. Tantas que no podíamos ni encender el motor por miedo a que se enredara con algo.

Estábamos serpenteando alrededor de toda la basura. Era como velear en un pozo de basura.

Adaptado de: www.ecoosfera.com

VOCABULARIO Y MODELO 4

1. 1 abrupto, 2 trueque, 3 devaluación, 4 vendimia, 5 cortijo, 6 capataz, 7 pacto, 8 moroso, 9 rastrillo, 10 lonja.

2. 1 labramos, 2 fundan, 3 agasaje, 4 esquiles, 5 saldar, 6 librará, 7 corrobores, 8 ondee, 9 abastecer, 10 ensamblara / ensamblase.

PRUEBA 1
USO DE LA LENGUA, COMPRENSIÓN DE LECTURA Y COMPRENSIÓN AUDITIVA

TAREA 1

1b, 2a, 3c, 4a, 5b, 6c, 7a, 8b, 9b, 10b, 11a, 12b.

TAREA 2
13b, 14d, 15g, 16a, 17e, 18f.

TAREA 3
19d, 20b, 21c, 22f, 23e, 24a, 25d, 26f.

TAREA 4
Soluciones: 27b, 28d, 29e, 30h, 31k.
Transcripción:

Un servicio cae y medio Internet va detrás

La digitalización de la vida ha convertido los servicios proporcionados por un puñado de empresas privadas en infraestructuras críticas para la sociedad. Hay capas de esa infraestructura que son muy visibles, como las herramientas de Google, cuya caída en diciembre de 2020 obligó a media Europa a modificar sus rutinas de trabajo durante unos 45 minutos. Otras no son tan visibles. Ocurre con el armazón físico de Internet (cables submarinos, centros de datos, satélites) la única parte de la Red que se puede tocar.

Una de las capas más desconocidas de la infraestructura digital son las Redes de Distribución de Contenidos (CDN, por sus siglas en inglés). Al menos lo han sido hasta este martes, cuando una de las compañías que domina el sector ha tenido un fallo y se ha llevado por delante medio Internet, apareciendo en medios de comunicación de todo el mundo y recordando como cada vez más aspectos de la vida digital dependen a veces de una sola empresa privada.

Esa compañía es Fastly, fundada hace 10 años y con unos mil empleados. Su servicio consiste en facilitar que cualquier web o plataforma digital llegue igual de rápido a todos los usuarios del mundo, se encuentren donde se encuentren. También en evitar que se generen cuellos de botella durante los picos de tráfico. Lo consigue haciendo copias de esas webs y distribuyéndolas en nodos de todo el mundo, lo que evita que todas las conexiones tengan que pasar necesariamente por los servidores centrales de la empresa en cuestión.

De esta forma la conexión es mucho más rápida y la latencia disminuye considerablemente, ya que el intercambio de datos de máquina a máquina no debe recorrer miles de kilómetros a través de cables submarinos sino tan solo unos pocos cientos. A eso es a lo que se denomina CDN, una tecnología "muy desconocida" pero que se ha convertido en "prácticamente obligatoria para cada vez más servicios", explica Diego Suárez, director de Tecnología de Transparent Edge Services, la única empresa española que ofrece servicios comerciales de CDN.

Además de Fastly, las compañías que dominan este desconocido sector son Akamai, la pionera en el negocio, y sobre todo Cloudfare, la más usada. Amazon, con un servicio propio llamado Cloudfront, también está aumentando su cuota de clientes. Estas tres últimas dominan el 89% del mercado. Son las cuerdas de las que cuelga Internet y si una se rompe, toda la Red lo sufre. Un percance similar al sucedido con Fastly este martes le ocurrió en 2020 a Cloudfare y entonces las caídas de servicios también fueron masivas.

El problema es que formar una CDN es muy complicado porque hay una especie de oligopolio en el que hay unos pocos actores que copan todo este mercado. Resulta muy complicado competir con ellos a nivel mundial, porque son muy grandes, con lo cual montar una CDN de su nivel exige mucho trabajo y mucho dinero.

Fastly ha explicado que el fallo que ha provocado la caída de miles de webs se ha debido a un error en uno de sus nodos. "Una configuración de servicio provocaba interrupciones en nuestros puntos de operaciones a nivel mundial y hemos desactivado dicha configuración", ha detallado una vez solucionada la incidencia, algo que ha logrado una hora después de que se detectaran los primeros problemas de conexión.

Pese a que la empresa ha llenado portadas de medios de comunicación de todo el mundo debido a un fallo de su servicio, lo cierto es que no ha afectado a su reputación. Al menos de cara a los mercados: Fastly cotiza desde 2019 en Wall Street y este martes su cotización subió un 10%.

La caída de los servicios de Google en diciembre de 2020 tampoco conllevó un golpe a su valoración. Lo mismo ocurrió cuando el error lo tuvo Cloudfare. Pese a que este tipo de incidentes espolean la conversación sobre la concentración de servicios indispensables para la sociedad digital en unas pocas empresas multinacionales, lo cierto es que no han promovido cambios sustanciales. La celeridad con la que estas empresas resolvieron sus problemas y el hecho de que fueran situaciones puntuales ha pesado más que los errores en sí.

"Una caída puntual le puede ocurrir a todo el mundo", contesta Suárez, de Transparent Edge Services, sobre el fallo de Fastly. "El servicio de CDN es muy transparente porque se nota mucho cuando no está, pero pasa desapercibido el 99,99% del tiempo que sí está disponible".

Adaptado de: www.eldiario.es

TAREA 5

Soluciones: 32 B, 33 A, 34 C, 35 A, 36 B, 37 B, 38 C, 39 A, 40 B, 41 C, 42 A, 43 B, 44 C, 45 A, 46 C.
Transcripción:

HOMBRE

Antes del inicio de la campaña para las elecciones al Parlamento Europeo publicamos varios artículos en prensa, y creo que sirvió de apoyo y de proyección política para el debate sobre Europa. En su momento intentamos articular una respuesta a esa cuestión, y lo hicimos a partir de unos argumentos, que son los que voy a comentar a continuación.

Hablar de Europa no es hablar solo de la Unión Europea. Y hablar de la UE no implica necesariamente hablar de esta Unión y de sus actuales instituciones como única opción posible. Podemos establecer distintos niveles analíticos para referirnos a Europa. En cualquiera de ellos parece que la UE y sus instituciones se alejan cada vez más de la ciudadanía. Parece que priorizan sus propios intereses. Podemos empezar por hablar de la UE. Pero si queremos hablar de Europa hay que reforzar las similitudes, respetando las diferencias existentes. Hay que establecer objetivos comunes de bienestar, de solidaridad, y de integración de los pueblos, como rezaba en la idea originaria de Europa. Pero hay que hacerlo situándonos en el nuevo marco interno e internacional que nos envuelve. No en la rigidez de las instituciones ahora vigentes. La UE y sus instituciones han cambiado mucho, como señalaba el profesor Borrell. Pero la economía mundial también ha cambiado de manera drástica. Y Europa es cada vez menos relevante en el contexto internacional, como también ha subrayado el profesor José María Mella. Además, los organismos globales no están a la altura de las exigencias que requiere una nueva gobernanza mundial. Y Europa, en ese aspecto, tampoco está aportando nada nuevo al marco de relaciones internacionales que se nos viene encima.

La UE no puede ser fundamentalmente un club económico. Tenemos que hablar de economía, pero debemos hablar también de las desigualdades crecientes y de cómo combatirlas. Ya se ha hecho alusión antes a cómo están aumentando las disparidades en Europa. Es importante no perder de vista ese panorama, porque choca con la idea originaria de la integración. La idea de fomentar la libre movilidad en la UE parece que se aleja cada vez más de la realidad. Puede que asistamos al levantamiento de nuevas fronteras, no solo económicas. Y este riesgo no debe perderse de vista.

MUJER

Debatamos sobre la debilidad de la democracia tal y como la ven los ciudadanos, y de los riesgos que entrañan los nacionalismos. Conocemos las enseñanzas que proporciona la historia sobre este tema. No hay que olvidarlas. Hagamos alusión al poder de Alemania como eje central sin contrapeso, y a la perspectiva federal de Europa, aunque para algunos sea un tema menor.

La amenaza de la 'no Europa'. Europa no puede construirse sobre el miedo, ni tampoco sobre el miedo a la no-UE: a que fracase la UE. Y en ello hay que atribuirles mucho mérito a los británicos, pero también a las políticas de austeridad exageradas y mal entendidas aplicadas hasta ahora. Para sobrevivir, la UE debería reforzar y cambiar su presupuesto general de ingresos y gastos, pero este es un tema de extraordinaria importancia y complejidad. Requeriría un capítulo especial, de hecho, lo contemplamos como un anexo técnico.

Necesitamos una ciudadanía europea consistente y atractiva, funcional y que pueda llevarse a la práctica. Compatible con la realidad plural en la que estamos, pero útil para que los ciudadanos no sigan alejándose cada vez más de esta Europa. No es fácil, pero creo que es un paso obligado. Más aún, si pensamos que no deberían volver a levantar fronteras internas. Más, si cabe, cuando compartimos la idea de que Europa necesita una proyección internacional más consciente.

No es solo una crisis más. En esta ocasión, más larga y profunda que las anteriores. No se puede entender solo como un fenómeno cíclico, por mucho que la ortodoxia quiera presentarlo así. Europa está muy acostumbrada a las crisis institucionales y a las crisis económicas. Aunque quizá tengamos que acostumbrarnos a que las crisis pueden ser cada vez más frecuentes e intensas, más repetitivas y devastadoras. Porque los fenómenos de concentración, de creciente desigualdad se hacen más intensos y visibles con la actual globalización. Con los mecanismos de apertura, desregulación y creciente interdependencia, a los que Europa parece no cuestionar ni ofrecer alternativas. Aquí, y en el mundo. Europa, como proyecto común, afrontará mejor su situación si es capaz de tener en cuenta con realismo, además de con pragmatismo, el objetivo de reforzar el bienestar colectivo. Si es capaz de mejorar su inserción internacional, transformando las aristas de la globalización. Pero, ¡quién sabe! Quizá ya no estamos en condiciones de abordar todos esos retos. Tal vez necesitamos con urgencia otra Europa. O desandar el camino andado y avanzar hacia el abismo.

Adaptado de: www.researchgate.net

TAREA 6

Soluciones: 47c, 48a, 49b, 50b, 51a, 52c.

Transcripción:

¿Qué crees que te ha convertido en la mejor maestra de Primaria de España?

Creo que soy una buena maestra, nunca dejaré de intentar ser la mejor, pero hay muchos mejores maestros y maestras que yo. En mi caso creo que si he llegado hasta aquí es por la absoluta vocación y amor que tengo hacia mi oficio. Porque en estos años que llevo aprendiendo de mis alumnos he sido capaz de mirar desde sus ojos para ver cómo me gustaría ser si fuese mi propia maestra, porque desde su altura el mundo se ve mejor.

Este premio es el resultado de aplicar un poco de locura para despeinar el sistema y salir del círculo de confort intentando dotar a la escuela de cientos de experiencias, posibilidades y magia. El objetivo es conseguir que mis niños y niñas se enamoren de su escuela porque es suya, no es nuestra.

¿Dirías que la de maestra es una profesión mucho más vocacional que otras?

Diría que es o debería ser la profesión más vocacional del mundo porque estamos trabajando con niños, nuestro futuro. Si queremos transformar la sociedad a mejor, hacerla más humana, más justa y tolerante, debemos sembrar todo eso en ellos. Ser maestra es una gran responsabilidad, pero también es la más hermosa de las responsabilidades. No existe nada más agradecido que la sonrisa de un niño. Cada día me refrescan los valores y me hacen regresar a la niña que llevo dentro.

¿Cómo es el día a día en tu aula?

Lo que intento cada día es que sientan que los quiero. Cuando un niño siente que es querido está dispuesto a no decepcionarte. En cuanto a la metodología, me considero una inconformista y recurro mucho a mi creatividad para potenciar su imaginación y originalidad, pero mi preferido es el aprendizaje basado en proyectos, porque el alumnado conecta con problemas reales del mundo e intenta darle soluciones o ayudar con sus aportaciones.

Lo primero que modifico es el horario, lo divido en talleres. Para sacar la nota de cada área basta con programar y planificar, haciendo rúbricas, y asociar indicadores a cada taller y tarea, así como un porcentaje de la nota a cada uno de esos indicadores. También cambiamos las agrupaciones para fomentar el trabajo cooperativo y, por supuesto, la evaluación, en la que no tendremos en cuenta solo las pruebas escritas, sino orales y prácticas. Intento quitarle peso a la parte mecánica y darle mucho peso a la parte emocional y competencial.

Este tipo de metodología permite una inclusión más efectiva, adaptándose a los alumnos que no llegan y a aquellos que brillan, porque si solo nos centramos en que todos los niños alcancen unos mínimos, estaremos apagando estrellas.

¿Se educa a los niños y niñas en sintonía con la actualidad?

Cada vez hay más maestros que, contagiados por la innovación y las emociones, intentamos despeinar el sistema, pero es cierto que aún hay una enseñanza que reproduce la escuela del siglo XIX. El cambio no solo está en el profesorado, que es el mayor recurso, sino en la legislación y en los recursos. Necesitamos mayor inversión en materiales innovadores, tecnología y recursos humanos, pero también una bajada de ratio y una equiparación salarial, así como la unificación de la enseñanza y los contenidos en todo el territorio nacional.

¿Qué cambiarías de nuestro sistema educativo actual?

Cambiaría el exceso de burocracia, que para nada determina la calidad de la educación. Hemos pasado de confiar plenamente en la labor del docente a obligarnos a registrar, de forma absurda, cualquier aspecto escolar y académico. Necesitamos un gran pacto educativo de Estado, formado por profesionales de nuestra escuela: la del cambio.

El papel de las familias supongo que también es importante. ¿Nos implicamos lo "suficiente" en el entorno escolar de nuestros hijos e hijas?

Para mí el papel de las familias es crucial. Piensa que sus objetivos y los nuestros deben ser los mismos. Yo he tenido la gran suerte de encontrarme con familias muy implicadas y respetuosas, pero también es cierto que no es lo habitual. A menudo escucho a compañeros de otros centros que me cuentan que hay padres y madres que les dicen cómo deben dar clase, e incluso les faltan el respeto.

Es una pena que confundamos la implicación familiar con el hecho de poder darle clases de magisterio a los maestros de sus hijos. Con el auge de la educación mucha gente cree saber de ella más que los propios profesionales. En estos casos debemos reconducir el rumbo de esa participación, pero sin duda las familias y el contexto próximo son un referente de cultura y apoyo para el profesorado.

¿Consideras que se actúa de manera correcta, en general, en nuestro país con respecto al acoso?

Se actúa acorde al protocolo que nos marca la legislación. Pienso que también jugará un papel relevante la implicación de cada centro. Como maestros debemos tener una comunicación abierta y hablar más de este tema con el alumnado. Hablarles sobre agresión y realizar ejercicios sobre el tema utilizando diferentes recursos, como películas, cuentos y juegos de rol.

Los maestros deben ser un modelo de buen comportamiento y mostrar respeto por todos los alumnos, no mostrar favoritismos, evitar hablar mal de otros y fomentar la empatía y la solidaridad. Los niños repiten irremediablemente las conductas que ven en los mayores. En esto tenemos mucho que trabajar también.

Adaptado de: www.webconsultas.com/

PRUEBA 2
DESTREZAS INTEGRADAS: COMPRENSIÓN AUDITIVA Y EXPRESIÓN E INTERACCIÓN ESCRITAS

TAREA 1

Transcripción:

ESCALADA Y ESTOICISMO

La escalada resulta una actividad muy estoica. Te obliga a vivir el presente y a aceptar lo que te venga. Esté mojada la ruta, te hayas olvidado el arnés en casa o te encuentres tres metros por encima del último seguro y te venga un movimiento difícil, debes lidiar con cada situación y reaccionar en el momento.

Muchos escaladores afirman sentirse libres mientras ascienden paredes de roca. Pero, si lo piensas con detenimiento, están atados a una cuerda, limitados en su posibilidad de movimiento y con posibilidad de hacerse daño si cometen algún error.

Los estoicos no negaban el libre albedrío. Sin embargo, definían la libertad como la sincronía con el destino. Para ello, utilizaban la metáfora de un perro atado a un carro en movimiento. El perro puede resistirse a continuar o no. Pero, haga lo que haga, avanzará con el carro.

Para los estoicos, una persona feliz es aquella que tiene una vida en armonía con la naturaleza. Que vive en sintonía con el fluir de los acontecimientos por voluntad propia. Que desea lo que tiene o puede conseguir. Es lo que años más tarde, Nietzsche denominó «amor fati» (amor al destino). Cuando escalas, no controlas los acontecimientos. Puede ser que el clima empeore, que se rompa el pie clave o que te toque volar porque no has leído bien un movimiento durante el intento a vista.

El escalador que reconoce y acepta esos devenires, decide actuar de manera voluntaria acorde a la situación. Su voluntad está en sincronía con el carro en movimiento.

De ahí esa sensación de libertad que produce la escalada. La libertad no es tener muchas opciones, si no que consiste en desear precisamente lo que puedes hacer. El devenir diario transcurre haciendo malabares entre planes a largo plazo, finanzas, relaciones, objetivos u obligaciones a corto plazo. Mientras escalas, las opciones son simplificadas, resultando más evidente el camino a seguir.

Epicteto afirmaba que una de las principales funciones de un estoico era saber diferenciar entre lo que puede controlar y lo que no. Es lo que se conoce como dicotomía del control.

Es imposible controlar ciertos acontecimientos, pero sí que está en tu mano cómo reaccionas a ellos. Ante cualquier circunstancia, detente. Respira y demora la reacción un tiempo. Esta capacidad te permitirá «actuar en lugar de reaccionar». Es la diferencia entre ser una persona proactiva o reactiva.

La fuerza de voluntad es como un músculo. Se fortalece con la práctica y se debilita si no se usa.

Muchos escaladores actúan acorde a sus sentimientos. Cuando están motivados, van cada día a entrenar y lo dan todo. Cuando se sienten desmotivados, lo ponen como excusa y se saltan los entrenamientos. Ninguna de las dos opciones es la correcta.

El estado de ánimo fluctúa con el tiempo, acorde a los acontecimientos. Si dependes de él para actuar, no controlarás tu destino.

Los estoicos exponen la necesidad de enfocarse en el presente. Lo pasado ya se fue. Preocuparte por algo que no ha sucedido sólo te generará ansiedad. Ya te ocuparás cuando llegue el momento.

Sucede que estás en una cena con amigos y la cabeza te da vueltas en torno a preocupaciones laborales y financieras. Pero luego, estás en el trabajo y tu mente divaga sobre lo que le gustaría estar con los amigos. De esta manera, al final nunca estás presente.

Lo mismo al escalar. Sabes que el paso duro te viene arriba, y la cabeza se te va allí. Esto provoca que escales mal y acabes cayendo en una sección fácil de la ruta. O, tal vez, estás preocupado por algún asunto que no te permite estar presente.

www.pasoclave.com

AGRADECIMIENTOS

A ti, por comprar y utilizar este libro, espero que te ayude a superar el examen DELE C2 sin problemas.

Para cualquier duda sobre el libro, escríbeme a mi dirección: ramondiezgalan@gmail.com

Si puedes dejar un comentario sobre el libro en la página web donde lo compraste me ayudarías muchísimo ☺

Muchas gracias a todas las personas que han colaborado con recursos gráficos o con sus voces para hacer posible la publicación de este manual:

Antonio Pérez	Gonzalo Ortega
Francisco Pardines	Agata Łuczyńska
Belén Contreras	Alba Pardo
Jennifer Moreno	Ana Elida Janzen
Lizeth García	José Ramón Díez
Mila Asencio	María del Mar Díez
Sergio Guzmán	Johana Andrea López
Nadia Cortés Quenguan	Sebastián Díaz Figueroa
Israel Nava	

LIBROS QUE TE PUEDEN INTERESAR

"NUEVO DELE A1", manual para preparar la prueba de español DELE A1. Incluye tres modelos completos del examen, ejercicios de preparación, consejos, audios y soluciones.

"NUEVO DELE A2", es un manual para preparar el examen de español DELE A2, contiene 4 modelos completos del examen, soluciones, consejos y ejercicios de vocabulario.

"Nuevo DELE B1", es un manual para preparar el examen de español DELE B1, contiene 4 modelos completos del examen, soluciones, consejos y ejercicios de vocabulario.

"Nuevo DELE B2", manual para preparar el examen de español DELE B2, contiene 4 modelos completos del examen, soluciones, audios, consejos y ejercicios de vocabulario.

"SIELE, preparación para el examen" es un manual para superar la prueba de lengua española SIELE. El libro contiene multitud de ejercicios desde el nivel A1 hasta el nivel C1,

"24 horas, para estudiantes de español" es una novela criminal adaptada para estudiantes, con una gramática muy sencilla que se puede entender sin problemas a partir del nivel A2 en adelante. La historia tiene lugar en Alicante, contiene aclaraciones de vocabulario, ejercicios y un juego de pistas.

"Vocabulario español A1" es un diccionario ilustrado por categorías y multitud de ejercicios para estudiantes de primer año de español. Es perfecto para consolidar el nivel básico de español. Incluye multitud de actividades online.

"La prisión: elige tu propia aventura" es una novela para los estudiantes de nivel más avanzado. Tiene 31 finales diferentes a los que llegaremos tomando diferentes decisiones. El objetivo es escapar de la prisión.

"Materiales para las clases de español" es un libro con cientos de recursos que los profesores pueden utilizar en sus clases. Incluye ejercicios de todo tipo y para todos los niveles, tanto para clases individuales como para grupos. El libro en sí, es una fuente de inspiración para los docentes.

"Hermes 2, para practicar el subjuntivo" es una novela de ciencia ficción para estudiantes de español. Leyendo las aventuras de la tripulación de una moderna nave espacial, podrás practicar los diferentes tiempos del modo subjuntivo.

"Conversación, para las clases de español" es un libro para profesores de español con multitud de ejercicios de expresión oral. Un manual con debates, situaciones de rol, ejercicios de exámenes, juegos y mucho más.

"Spanish for Business", es un manual para todas aquellas personas que utilizan la lengua española en su trabajo. El libro incluye un modelo completo del examen DELE B2.

MUCHA SUERTE CON EL EXAMEN

PARA MÁS CONTENIDO GRATUITO, ÚNETE A LA COMUNIDAD DE INSTAGRAM:

EL SEMÁFORO ESPAÑOL

(PARA EL NIVEL C2 USA LAS TARJETAS ROJAS)

Y RECUERDA QUE EN LAS REDES SOCIALES DE SPANISH CLASSES LIVE TIENES TODAS LAS NOTICIAS SOBRE LOS EXÁMENES DELE.

Printed in Great Britain
by Amazon